新手班主任成长秘籍

王延强◎著

吉林文史出版社

图书在版编目（CIP）数据

新手班主任成长秘籍 / 王延强著. — 长春 ：吉林
文史出版社，2023.1
ISBN 978-7-5472-9219-8

Ⅰ．①新… Ⅱ．①王… Ⅲ．①班主任工作 Ⅳ.
①G451.6

中国国家版本馆CIP数据核字（2023）第008830号

XINSHOU BANZHUREN CHENGZHANG MIJI

书　　名 新手班主任成长秘籍
著　　者 王延强
责任编辑 陈　昊
出版发行 吉林文史出版社有限责任公司
地　　址 长春市福祉大路 5788号
印　　刷 北京四海锦诚印刷技术有限公司
开　　本 787mm×1092mm 1/16
印　　张 11.25
字　　数 263 千字
版次印次 2023年1月第1版　　2023年1月第1次印刷
定　　价 52.00 元
书　　号 ISBN 978-7-5472-9219-8

前　言

　　随着社会的进步和发展，班主任队伍建设日益走向专业化。班主任作为学生发展的"重要他人"，是班级的核心，是学校德育队伍的核心力量，是联络各种教学渠道的"纽带"与"桥梁"。班主任工作能力水平关系到学生素质的培养，关系到学生能力的提升，关系到班风、校风的建设，其中，新手班主任要想更好地践行立德树人的职责，尽快适应教育角色，客观上需要科学、高效且富有针对性的班主任专业能力提升策略为他们的专业发展助力。

　　鉴于此，笔者撰写了《新手班主任成长秘籍》一书，在内容编排上共设置六章：第一章作为本书论述的基础和前提，主要阐释班主任角色定位与职业素养、新手班主任的专业发展、新手班主任的自我成长路径；第二章是新手班主任班级管理，内容涵盖班级管理的基本方法、班级日常事务处理技巧、优秀班集体的打造；第三章从班级文化的构成、班级物质文化建设、班级精神文化构建不同方面分析新手班主任班级文化建设；第四、五章论述新手班主任后进生转化、新手班主任主题班会设计；第六章突出实践性，围绕教育力量的协调与统一、与家长有效沟通的方法、家校合作的创新路径进行研究。

　　全书内容翔实、结构科学、论述清晰，结合班主任的工作实际，对新手班主任应具备的专业素养提出了要求，且本书观点新颖，紧扣时代脉搏，既有班主任管理等工作分析，又有德育等实际教育内容，不仅有助于提高新手班主任的专业能力，还有助于新手班主任尽快掌握班级管理的基本方法，促进新手班主任专业化成长。

　　在撰写本书的过程中，笔者得到了许多专家学者的尽心指导与鼎力支持，在此表示真挚的谢意。由于涵盖内容较多、篇幅有限、时间仓促以及笔者的自身局限性，尽管主观上尽了最大努力，但书中所涉及的内容难免有疏漏之处，敬请广大读者批评指正，以便笔者进一步修改，从而使本书日臻完善。

目　录

第一章 班主任专业理念

第一节 班主任角色定位与职业素养

一、班主任的角色定位

班主任的工作承载着许多期待、扮演着许多角色，要做好班主任工作，关键在于把握班主任的主要任务及主要的角色扮演，班主任到底承担着何种角色，这是一个具有重要理论价值与现实意义的问题。一方面，它直接关系到在理论上如何理解和把握班主任的角色定位，因为从教育理论上人们对班主任所能承担的角色有着某种期望；另一方面，它又会影响到实践中对班主任的角色期待与定位，以及班主任自身的角色担当与作为。因此，对于班主任而言，不断强化角色意识可以帮助他们对班主任工作的地位、作用和价值有一个清晰的认识，让他们更具体地了解自己承担了哪些任务，该以何种方式行事，应如何去影响全体学生。

创建一个团结、和谐、文明的班集体，是每个班主任的期望，也是班主任要努力达到的目的，同时也是所有教育工作者的希望所在。班主任角色的作用是寻求班级管理社会功能的最大化。班主任的职责就是管理育人，通过班级管理培养社会需要的人，通过人才培养使自己所具有的社会功能得以最大化。任何一种班主任角色都具有这样的终极目的，对这种终极目的的追问实际上是在追问班主任存在的社会价值。班主任角色的作用具有重要的社会价值，班主任角色是一种具有理想人格的角色，这就要求班主任可以不完美，但要不断追求完美，要使这种不断追求完美的表率对学生起到引领的作用。

班主任角色的意义体现了个人价值与社会价值的统一。班主任角色的作用是班主任能为社会做哪些贡献，班主任角色的价值则指班主任能为自己做哪些贡献。作为学生成长的"重要他人"，班主任是班级管理者、组织者和教育者；作为有血有肉的生命个体，班主任也是自身价值的追求者，他不仅追求社会功能的最大化，而且追求个人功能的最大化。班主任是有着清醒自我意识和角色意识的存在。班主任应该思考自己对于学生的意义，对于自己的意义。班主任对自己的思考来自内心的呼唤，也来自理智的好奇。班主任是探索有意义存在的存在，是追求超越自身的存在，是实现存在并获得意义的存在。班主任要获得生命的最大意义，就要取得最大的社会工作效果，简单而言，是对学生有用，对社会有价值。班主任角色呈现一个与其他职业不同的特点：班主任是"被需要"的"需要"，因而班主任在追求自身意义的时候便成为一名学习者和研究者。班主任努力实现自身价值也恰是自身工作的内在动因，在这种内在动因支配下班主任实现个人价值，并在此基础上促进社会价值的实现。

（一）班主任的角色定位理念

1. 根据班主任工作职责进行定位

（1）教育者角色。班主任的工作对象是学生，而不是成年人；工作目的是发展人，而不是控制人。因此，班主任的工作方式主要是教育，而不是管理。虽然教育离不开管理，且适当的管理可以促进教育，但教育并不等同于管理。因为教育的核心是发展，而管理的核心是秩序；教育以提升为手段，而管理以约束为手段；教育的目的在于灵魂转向，而管理的目的在于行为制约；教育者以人为本，关注学生的全面发展，而管理者以任务为本，关注工作的完成情况。

因此，班主任先是教育者，然后才是管理者，管理是为教育服务的。一方面，应坚持育人为本，德育优先。立德树人，引导学生形成正确的世界观、人生观、价值观；培养学生团结互助、诚实守信、遵纪守法、艰苦奋斗的良好品质；加强公民意识教育，把德育渗透于教育教学的各个环节，贯穿于学校教育、家庭教育和社会教育的各个方面。另一方面，应坚持能力为重，全面发展。班主任要着力提高学生的学习能力、实践能力、创新能力，教育学生学会生存生活，学会做人做事。

（2）组织者角色。班级是学校的基本单位，是学生成长的摇篮，是班主任工作的基地。作为班级工作的组织者和班集体建设的指导者，班主任因班级的存在而存在，既是一"班"之"主任"，又是班集体的一分子。一个深思熟虑的班主任，总是力求在集体中创造一种共同热爱科学和渴求知识的气氛。因此，班主任应以指导班级建设为契机，对学生实施集体教育，推动班集体共同成长。从时间上而言，从开学时的入学教育和组建班级，到毕业时的档案整理和升学教育等，跨度较长；从空间上而言，不管是课堂上的纪律管理还是课后的<u>卫生检查</u>，不管是校内的班级活动还是校外的社会实践，其工作范围都非常宽泛。

（3）协调者角色。班主任工作的复杂性意味着要做好学生工作仅凭一己之力是不可能的，需要经常与任课教师和其他教职员工沟通，主动与学生家长、学生所在社区联系，努力形成教育合力。学校、家庭及社会三者的地位与作用各不相同：家庭教育是基础，学校教育是主体，社会教育影响最广。因此，"班主任既要做到内外协调、左右沟通、相互促进，成为沟通学校、家庭、社会的纽带，又要充分认识到学校、家庭和社会三者的不同地位与作用，在工作中有所侧重，使其相得益彰"①。一方面，班主任在校内既要处理好与年级组长、教务处主任及副校长等上级领导的关系，做到"上情下达"和"下情上传"，又要协调好与任课教师、心理班主任、宿舍管理员等同级教职员工的关系，做到左右沟通、相互促进，争取他们的支持与配合。同时还要处理好学生与班干部、学生与教师及学生与社团组织等班级内外的各种关系。另一方面，与家庭的联络，既可采取家访、电话、短信、家校联系簿等"一对一"的方式，也可采用家长会、家长委员会、家长系列讲座、家长学校及学校开放日活动等"一对多"或"多对多"的方式。班主任与社会的沟通，既可采取邀请模范人物、先进个人等来班级开展讲座等方式，也可采用组织学生去社区、企事业单位参与社会实践等方式。

（4）职业者角色。"作风正派、心理健康、为人师表"等选聘条件要求班主任身兼"公民""教师"和"班主任"等多重身份，在遵守相关法律法规的同时，更须遵守职业道德规范，提高自身职业伦理水平。一方面，班主任在工作中须遵守相关法律法规与职业道德规范，不得做出有违职业规定的行为；另一方面，班主任有权维护与公民、教师和班主任身份相应的合法权益。

（5）学习者角色。随着班主任专业化发展的推进，班主任并不是每个教师都能胜任的，要想成为一名合格的班主任，必须经过专门的训练，掌握系统的专业知识，具备熟练的专业技能。另外，经济全球化、社会信息化、价值多元化等也对班主任工作提出了新的挑战，学生成长的新情况、新特点和家庭背景的复杂化更增加了教育管理的难度。因此，班主任加强培训与学习，走向专业化，既是班主任职业发展的应然取向，也是教育管理工作持续发展的现实诉求。一方面，班主任要向理论学习，即学习新的教育管理理念，系统地掌握教育管理的相关理论。理论学习既可通过个人自学形式，也可通过参与培训学习的

---

① 张典兵：《班主任与班级管理》，中国矿业大学出版社 2018 年版，第 58 页。

方式。班主任在上岗前后半年时间内均须接受不少于 30 学时的专题培训，内容包括班主任工作基本规范、学生心理健康教育指导、班级管理、班级活动设计与组织、学生思想道德教育、教育政策法规等相关专题。另一方面，班主任也要向实践学习，即在借鉴优秀班主任实践经验的基础上，不断探索与创新班级管理的新理论与新方法，形成自己的教育管理智慧。只有理论结合实践，知行合一，才能形成属于自己的教育智慧。

2. 根据班主任人际交往进行定位

（1）家长角色。班主任开展班级工作，要以学生的健康成长为工作出发点，以学生的前途和发展为终极目标，让每一个学生鲜活的生命得到珍视，独特的个性得到发展，人生得到充实。在学生面前，班主任要扮演家长角色，以家长的身份出现在学生面前。教育学生时，语气要平和，态度要诚恳，方法要得当，正如父母在和子女对话一样，学生在这种状态下，紧张情绪必定会减轻许多，有利于双方沟通，给学生细致入微的关心和爱护，以家长的身份关心每一位学生的学习、生活情况，培养他们良好的学习习惯和生活习惯。

（2）校长角色。在学生家长面前，班主任应充当校长角色。处理学生之间发生的事，除了公平、公正、讲究方式之外，还要让学生信服、家长信服、社会信服，经得起家长、学校、社会的检验，甚至历史的检验。在工作中，有些班主任将自己的手机号码、QQ 号码、微信号、电子邮箱等公布给学生家长，让他们随时随地都能联系到自己。无论家长打电话，还是直接到学校来访，班主任都持欢迎态度，对家长提出的问题，热情细致地加以解答，以诚相待。

（3）班长角色。在学校面前，班主任代表的就是班级的整体形象，班主任要担任好班长角色，就要在班级管理中，依据学校对学生提出的要求和规定，和学生一起制定班级学习制度、常规管理、纪律规范、作息制度、生活规则。班主任要明确地告诉学生，每个班级成员的一言一行代表的不仅仅是个人，而是整个班集体。

（4）学生角色。在任课教师面前，班主任就是班级学生中的一员，应站在学生的立场和角度与任课教师交流，向学校反映问题。充当学生角色的班主任，还应虚心听取各任课教师对班级的意见，并努力做到让他们满意。实践证明，以学生的角度、学生的思维、学生的视野、学生的观点来思考和处理学科教学问题和师生关系，是最为行之有效的班级管理理念和方法。

3. 基于社会学的班主任角色定位

（1）班级工作的设计者。班主任作为班级工作和学生发展的设计者，即以学生社会化为工作目标，以教育社会化为工作导向，以社会学和社会心理学为理论方法，将教育社会化的思想融入班级工作和学生工作的方方面面，并做出计划和构思。班主任作为班级工作的设计者是社会化目标长期性和综合性的要求。社会化作为一种长期性、综合性的教育目标，在教育实践中常常要求模拟社会情境，对前期计划、现场控制、后期总结的要求非常高，工作设计成为教育社会化视角下班主任一项非常重要的工作。

（2）班级事务的领导者。班级事务的领导者是指班主任在班级事务中，既要发挥教育、指导的作用，又要避免过度参与具体的执行和管理，因此合适的角色应该是领导者。班主任作为班级事务的领导者，有两方面的原因：第一，使学生代替教师成为班级事务的主要执行和管理者，是实现教育社会化目标的要求。学生进入社会之后，面临的工作环境往往是为达到某一目标而建立的社会组织，要在这样的组织中生存乃至取得更好的发展和晋升，必须具备人际交往能力、与他人合作的能力、自我管理能力等，这些能力是社会发展的重要部分，需要在群体组织事务中得到锻炼和发展。第二，学生并不是真正成熟的社会个体，班主任不能完全放弃对班级事务的参与，而应该对学生的行为做出引导和纠正，以保证学生社会化发展的正确方向，促进其社会化发展的进程。因而，班主任需要充当班级事务的领导者。

（3）班级社会的模范成员。班主任作为班级社会的模范成员有两层意思：①作为班级社会的成员，与其他成员是民主平等的关系；②班主任应当成为模范的成员，对其他成员形成良好的社会示范。一方面，班主任与学生的平等民主关系是教育社会化的要求。现代社会是民主社会，学生进入社会后，面临的人际关系主要是平等关系，个体既需要自我决策和自我约束，无法由他人替代决定和加以管束，也要具备更大的自由度，有了更多表达和实施自我意愿的机会。班主任应当重新审视与学生的关系，在班级中建立平等民主的氛围，以训练学生适应和处理这种人际关系的能力。另一方面，学生作为尚不具备良好社会功能的个体，如何表达自己的意愿、争取自己的权利、约束自己的行为、做出正确的决策等都需要一个具有良好社会性的个体进行引导，班主任就是最合适的模范人物。

（4）班级社会活动的对外联系人。班级社会的对外联系人是指班主任应该应班级和社会需求，与外界保持联系。班主任对外联系的角色是教育社会化目标的要求。学生进入社会后，最重要的社会适应能力就是融入社会、参与社会活动的能力，这样的能力需要在真实的社会环境中进行训练和培养，因此，使更多的社会力量参与到教育中来，使班级更多地接触社会，参与社会活动，进行社会互动是满足教育社会化要求的必要选择。班主任应当充当班级的对外联络人，帮助和保护班级的社会活动顺利进行。

4. 基于精神关怀的班主任角色定位

（1）精神关怀的价值意蕴。对学生精神关怀是以人为本的教育本质的规定，是教育人性化的表现，它反映了班主任教育劳动的性质，即班主任所从事的是以心育心、以德育德、以人格育人格的精神劳动。

第一，班主任要学会精神关怀。班主任最根本的教育理念、最重要的教育品质就是对学生的精神关怀。精神关怀内容广泛，其中关心、理解、尊重、信任是关怀情感的基本表现，也是学生基本的精神需求。作为班主任，要学会关心、理解、尊重、信任学生。关心与理解是紧密联系的，在关心中获得理解，理解学生才能善待学生；关心以尊重为前提，也是尊重的表现；信任也是尊重的一种表现，对学生尊重、期待与信任会给他们带来愉快的体验。

第二，精神关怀是班主任专业化的需要。精神关怀不仅是班主任专业劳动的核心内容，更是班主任专业化的核心内容。从外在的、日常教育活动的层次而言，班主任的工作是组织、教育、管理班级学生；从内在的深层次而言，班主任是学生的精神关怀者。班主任要关心学生的全面发展，而关心学生的精神生活和精神发展是其核心部分。

（2）从知识关怀到精神关怀。班主任要成为学生的精神关怀者，就要从对学生的知识关怀转向精神关怀，从知识本位的教育转向人本位的教育。班主任不仅要关心学生的学习成绩，关心他们的生活状况，更要关心学生的内心世界，关心他们的情感、情绪及其精神生活。教育过程先是一个精神成长过程，然后才成为科学获知过程的一部分。倡导教育的精神关怀与教育课程改革所倡导的理念是一致的，即让学生从学习知识、技能的过程中，使其情感、态度、价值观得到协调发展。

总而言之，每个学生都有自己的发展优势。从智力发展而言，班主任应该据此提供合适的、具有差异的教育；从精神发展而言，教师应该给学生多一点儿鼓励，多一点儿期待，这对学生发展是极其重要的。在班主任的工作实践中有许多成功的做法和经验，如开展奖章评比活动，对暂时落后的学生"借一枚奖章给他"等，这些起到了激发学生积极性、自觉性的效果。无论何时，班主任应该树立这样一种信念：每个学生都具有发展的潜力，只要为他们提供合适的教育，每个人都会获得成功的人生体验。班主任是一个特殊的教师群体，是学校中进行道德教育的主要承担者，因此必须学会精神关怀，把教育的智慧与艺术贯穿于日常工作的每一个细节之中，培养出全面发展的人才。

（3）关心学生的心理健康。青少年正处于身心发展的重要时期，随着生理、心理的发育和发展、竞争压力的逐渐增大、社会阅历的扩展及思维方式的变化，使他们在学习、生活、人际交往和自我意识等方面可能产生各种各样的心理问题。因此，对学生进行心理健康教育，是班主任的重要任务之一。班主任要在日常生活和学习中关心学生的心理健康，为学生创设良好的心理氛围，维护学生的心理健康。

第一，做学生心灵的倾听者。班主任要耐心倾听学生的心声，使学生感到班主任是可以信赖的人，使他们主动地进入谈话中。师生之间应当建立一种相互信赖、彼此坦诚的人际关系，这种互相信赖的关系，从第一次见面或谈话就要注意培养。谈话中，班主任要表现出对学生所谈的问题感兴趣，注意听，而且听得懂，才能打开学生内心世界的大门。

第二，培养学生的关怀精神。班主任不仅要成为学生的精神关怀者，更要注意培养学生的关怀精神。一方面，要营造班级真诚对话的气氛，让学生学会心平气和地交流，还可以建立班级的网上家园或班级网页、班级博客，让每个人在网上家园中相互了解、相互帮助。通过开展班级活动，如班级讨论课、主题班会等，搭建真诚对话的平台。另一方面，帮助学生走进教师的世界，可以先从走近班主任开始。班主任和学生走得近一些，给学生讲述自己的学习经历，让他们看见教师生活中真实的一面。

5. 基于核心素养的班主任角色定位

核心素养的提出是全球化和信息化时代我国做出的对人才质量标准的重新定位，培育学生核心素养的首要工作就是要重新审视班主任的角色，并且重新塑造适应学生"核心素养"发展需要的班主任角色。

（1）与任课教师之间，班主任应由协助者转变为班级教师团队的核心。学生核心素养的一个显著特征就是综合性、跨学科，一门素养的培育需要多门学科教师的协同发力、密切配合。而班主任作为本班级所有学生综合素质健康发展的责任人，就需要由协助者转变为班级教师团队的核心，统筹班级全局、聚合群策群力。例如，在教学研讨中，班主任要打破学科界限，发挥核心作用，以班级为单位，组织本班级不同学科的教师一起研讨，共同交流讨论问题，开展针对学生核心素养与学科整合的专项课题研究，各抒己见，明确各自的任务分工，共同发展。与此同时，班主任可以组织各种类型的教师非正式交往活动，让任课教师在更宽松和自由的氛围中感受团队建设的必要性。班主任需要以培育学生核心素养为核心，汇集班级任课教师的力量，形成有和谐一致的价值取向、相通相融的教育行为、系统协调的教育功能的教师教育合力。

（2）与家长之间，班主任应由反馈者转变为亲子沟通的智慧参谋。学校教育是为学生生成核心素养的关键场域，那么家庭教育则是学生素养内化升华的重要环节。在家长与学生由于思维方式不同产生沟通隔阂的时候，作为亲子沟通智慧参谋的班主任，要通过对学生的日常关注及时发现问题，对家长的家庭教育提供咨询和建议，使家长逐渐理解子女身心发展的特点；同时，将学校教育与家庭教育有机统一起来，针对培养学生健康生活、责任担当等素养，积极沟通家长，建立常态化的家校研讨，形成家校合力。除此之外，尤其重要的是，班主任要意识到学生在生活情境中反思的重要性，与家长结成联盟，共同为学生创设反思的环境条件。要帮助学生在课外生活、在与父母的沟通互动中对自身的行为习惯和思维方式进行有效反思，促进学生在生活中，学会运用反思提升健康生活、责任担当等素养。

（3）与学生之间，班主任应由管理者转变为学生自治管理的组织参与者。随着学生发展的核心素养被提出，社会参与作为学生核心素养之一，成为基础教育阶段高度重视的育人目标。在有效培育学生社会参与的素养过程中，班主任要给学生充分的自主权，有效地组织学生在自主管理中发现自我的价值。学生作为班级管理的主角，通过与同伴积极有效的沟通交流，迸发管理智慧，生成合作协商的民主意识，这样具备民主氛围的班级就要求班主任由班级事务的管理者转变为学生自治管理的组织参与者。除了具备学生本位的意识，还要拥有组织学生的智慧，引导学生在自主管理班级事务中发现疑难、寻找解决对策、合作协商解决疑难，班主任作为组织者，还应该帮助性格内向的学生，培养他们敢于表达自己的观点，更好地融入学习共同体当中。

需要注意的是，给学生主动权并不意味着班主任可以成为旁观者，反之，班主任不仅要对学习共同体处理班级事务时的策略做出指导和反馈，还应与学生深度讨论，从不同维度引导学生形成批判性思维，辩证地思考问题、处理事务，对学生自主管理班级的过程与方法做出综合性的评价。在围绕班级事务的管理过程中，真正实现师生之间的民主平等和教学相长。

（二）班主任的角色特性与职责

1. 班主任的角色特性

"班主任是班集体的组织者和领导者，是学校管理的得力助手，班主任工作能力水平关系到学生素质的培养，关系到学生能力的提升，关系到班风校风的建设。"[①] 班主任工作对象、工作任务、工作场域、工作方法的独特性，决定了班主任角色与其他角色相比所具有的差异性。把握班主任角色的特征，可以从以下方面加以考虑。

（1）奉献性。班主任必须站在时代前列，具有与时俱进的教育理念，充分认识班主任这一特殊角色的重要地位，树立立德树人和管理育人的崇高思想，班主任必须具有崇高的

---

① 吴树峰：《新手班主任工作方法探讨与实践》，载《人文之友》2020 年第 9 期，第 253 页。

品格。

（2）示范性。榜样是用他人良好、高尚的品质行为去教育、影响学生，榜样的力量是无穷的，它对学生具有感染力，班主任与学生长期相处，其人生观、处世观乃至于其一言一行、一举一动等都会深深地影响着学生。学生的模仿能力强，所以与他们朝夕相处的班主任必然成为学生的示范榜样。在教育实践中，人们往往赋予教育工作者"楷模""榜样""引路人"等角色，其实都体现了班主任角色的示范性。班主任角色的示范性，要求其不断关注自己的风度仪表、言谈举止、知识修养和思想品德等。

（3）促进性。教育的本质就是培养人，教育目的就是把受教育者培养成一定社会需要的人的总要求。教育目的是根据一定社会的政治、经济、生产、文化、科学技术发展的要求和受教育者身心发展的状况确定的，它在一定程度上反映了社会对受教育者的要求，是教育工作的出发点和最终目标，也是确定教育内容、选择教育方法、检查和评价教育效果的根据。结合现代教育的要求，班主任必须以学生为本，才能促进全体学生的全面健康发展，并最终促成学生达到国家教育的目的和要求。

（4）多样性。班主任还必须融入班级管理和教学之中，演好自己的角色：①执行者角色，学校按照整体规划和学期计划，布置任何一项工作，班主任都必须认真地组织落实，做到严谨务实；②领导者角色，班主任的工作是繁杂的，上传下达，下情上报，内务处理，外事接谈，内容非常广泛，对这些工作不仅要处理，还要利用它来教育学生。

2. 班主任的角色职责

（1）落实教育引导工作。班主任要认真贯彻落实学校德育工作的要求，积极主动地与其他任课教师一道，利用各种途径和机会开展思想品德教育，引导学生明辨是非、善恶、美丑和荣辱。要引导学生从身边的小事做起，逐步树立起学生的价值观，确立远大的抱负和志向，增强学生的爱国主义情怀、集体主义素养。要使学生明确人生的目的，端正生活的态度，养成积极健康的行为习惯。

（2）完善班级管理工作。班级管理工作，对于学生的思想品德教育有着重要意义，良好的班级氛围有助于学生有效践行道德规范。班主任应规范班级的日常管理，维护班级良好的教学与生活秩序，培养学生的规则意识、责任意识、担当意识和集体荣誉感、自豪感，营造民主和谐、团结互助、健康向上的集体氛围。坚持以正面教育为主，对学生的点滴进步及时给予表扬和奖励，对有缺点的学生要晓之以理、动之以情、持之以恒、导之以行，采取细致的批评教育；要做好学生的综合素质评价工作，客观公正地评价学生的操行，向学校提出奖惩的建议；要努力营造积极向上的集体氛围，形成富有特色的、充满活力的班级和团队文化；要加强安全教育，增强学生的自我保护意识和能力，维护学生的生命安全。

（3）组织班级集体活动。班级活动是良好班集体形成的基本条件，也是学生之间思想道德、知识能力等获得提高的基本途径。因此，班主任要组织开展丰富多彩的团队活动。要积极开展班集体的社会实践活动、课外兴趣小组活动、社团活动和各种文体活动，充分发挥学生的积极性和主动性，培养学生的组织纪律和集体荣誉感。

（4）综合利用教育资源。班主任是学校教育第一线的骨干力量，是学校教育工作最基层的组织者和协调者。履行好班主任的工作职责，必须树立科学先进的教育理念，遵循学生身心发展的规律，运用正确有效的教育方法。班主任应成为沟通学校、家庭、社会的纽带，及时了解学生在家庭、社区和社会的表现，引领家长和社区及其他社会教育机构，共同做好学生的教育管理工作。

（5）关注学生的全面发展。班主任应关心爱护全体学生，平等对待每一个学生，尊重学生的人格尊严。教育学生明确学习目的，端正学习态度，激发学习兴趣和学习动机，掌握正确的学习方法和学习策略，养成良好的学习习惯，增强创新意识和学习能力。了解和熟悉每一位学生的特点和潜能，善于分析和把握每一位学生的思想、学习、身体、心理的发展状况，科学、综合地看待学生的全面发展，及时发现并妥善处理可能出现的问题。要注意倾听学生的声音，关注他们的烦恼，满足他们的合理需求，有针对性地进行教育引导，为每一位学生的全面发展创造公平的发展机会。要采取多种方式与学生展开沟通，有针对性地进行思想品德教育，促进学生德、智、体、美、劳全面发展。

二、班主任的职业素养

班主任作为一个教育角色，应对一个班级学生的全面发展负责，职业素养是班主任在班级管理过程中赖以发挥最佳功能所必备的基本条件。班主任是学校德育工作的具体实践者、班级管理的组织者、学生健康成长的引领者，班主任的职业素养决定着学校德育理念是否能得到有效体现，决定着一个班级的班风学风。要成为一名合格的班主任，必须具有多方面的职业素养，而且还要形成一个完整合理的内容结构体系。班主任的职业素养可以从多个方面进行分析，而这些方面又各有其独特的作用、内容和培养提高的途径方法，从而形成了一个完整的素养结构系统。

（一）班主任的要求

1. 生本教育

生本教育是在我国教育改革中应运而生的一种新的教育思想，生本教育改革所取得的成果对我国当前的教育教学改革具有很大的借鉴意义，因而也应成为班主任班级管理工作的核心理念。生本教育理念的内涵可以从以下方面加以解读。

（1）以学生为本。以学生为本就是以学生的发展为本，以学生的发展为本包括以下含义。

第一，学生的全面发展。学生要德、智、体、美、劳全面发展，而生本教育正是以全面依靠学生、激扬学生生命、激发学生潜能、创造良好的教学生态，使学生自然而然地得到了全面发展。在好学、乐学的学习氛围中，学生养成了良好的学习习惯；在互帮互助的团队学习中，学生形成了友爱、和善、乐观的良好品德；在班级自主管理中，培养了学生组织、统筹、自律等能力。

第二，学生的主动发展。学生的主动发展是生本教育相当突出、相当鲜明的特色。生本教育秉持的是高度尊重学生、全面依靠学生的教育理念。一个人能否得到最佳发展，则在于其潜能是否能在适宜的社会环境中加以发掘和提升。作为教育者，发掘和提升学生的潜力，正是班主任的主要职责，这种观念使教育回归本质，即教育是帮助受教育者自我发展的过程。

第三，学生的持续发展。如果学生从基础教育阶段的早期就能够接受激发潜能、培养全面素质的教育，而不是仅仅积累一些知识和技能，那在后续的教育中，他们的自我发展潜能会使他们具有很强的持续发展能力。

（2）以生命为本。学生经历了由知之不多到知之甚多、由简单到复杂、由低级到高级的生长过程，这个过程是一个学习的过程。教育者的责任，就是去点燃、发动和激扬生命的潜能与动力。一旦把动力激发出来，把积极性调动起来，潜力就会无穷无尽，学习者就会乐在其中。内因是根本，外因是条件。内因是学生，外因就是教师的指导、辅导和教导，生本教育完全符合这个道理。生本教育承认生命的巨大潜能，承认人生来具有向上和向善发展的内驱力，并创造出良好的学习环境让学生得以充分、自主的发展。

（3）以生动为本。教育教学应该是生动活泼的，教学的生动性主要是学生所学的内容、所参与的学习活动要具有生动性，即学习内容和活动要与学生的生活息息相关，才能够激发起学生的兴趣，学生才能够展现出生动活泼的学习劲头，才能够全情地投入学习。

课堂的生动活泼，是学生表现出来的一种良好的学习状态，它来自教学活动真正以学生为本、教学内容以生活为本的教学模式。让学生学习那些充满生命力、有价值、有意义的知识，让他们不断在自己的活动中取得进展和提升，整个学习过程就会生动活泼，显现出无穷的乐趣。

（4）以生长为本。教育的目的是促进人生长。教师要让所有的生命都自然、健康地生长，秉持这种"生长观"的生本教育，承认每个学生都有自身的发展规律和发展周期，并给予学生充分的发展时间。生本教育还提倡要给学生充分的发展空间，其背后的教育智慧就是教师不要把课堂设计成过于严密的流程图，要在简单、根本、开放的教学中，给学生以更大的发展空间；教师不要过多地预设，要让学生在个性化的发展中展现出五彩纷呈的智慧才能。

2. 素质教育

素质教育是依据人的发展和社会发展的实际需要，以全面提高全体学生的基本素质为根本目的，以尊重学生主体性和主动精神，注重开发人的智慧潜能，注重形成人的健全个性为根本特征的教育。实施素质教育，就是以提高国民素质为根本宗旨，以培养学生的创新精神和实践能力为重点，造就有理想、有道德、有文化、有纪律的、德智体美等全面发展的人才。素质教育具有以下基本特征。

（1）促进全体学生的发展。素质教育是面向全体国民的教育，对各级各类学校而言，则是面向全体学生的教育。面向全体的核心是教育机会平等。教育机会平等包含三层含义：①受教育权利和义务的平等；②受教育机会平等；③教育结果的相对平等，即每个学生在接受某一阶段教育后都能达到国家规定的最基本的标准，都能获得学业上的成功，都能在德智体等方面获得全面发展。面向全体除了依法保障学生学习发展的基本权利，还指教育过程中应该面向每一个有差异的学生。面向全体学生，最终要落实到面向每一个具体的学生。而每一个具体的学生又各不相同，互有差异。素质教育是在面向全体学生的基础上用民主的方法扩大教育的基础，使得所有个人的才能都能得到实现，这样便促进了天然的杰出人才的产生。素质教育是一种非歧视性的民主性教育，在这样的教育模式、教育氛围中，各种杰出人才都会"天然"地产生。机会平等是要肯定每一个人都能受到适当的教育，而且这种教育的进度和方法是适合个人特点的。努力开发每个学生的特长和潜能，使每个人都在原有的基础上得到潜能的最大发展，这是面向全体学生的真谛。

（2）促进学生的全面发展。素质教育要求全面发展和整体发展，要求德智体美劳等各方面并重，要求全面发展学生的思想政治素养、文化科学素养、身体心理素养、审美情操素养和劳动技能素养等，要为学生的全面发展创造良好的条件。全面发展与因材施教是辩证统一的关系，素质教育中的全面发展，就个体而言，是"一般发展"与"特殊发展"的统一；就群体而言，则是"共同发展"与"差异发展"的统一。在教育教学过程中，要把群体培养目标与个体发展目标统一起来，把培养优秀人才的任务与提高劳动者素质的任务统一起来，在保证合格率的基础上提高优秀率。全面发展的实质是最优发展和面向全体发展。分层分组教学是一种既能适应个别差异，又能提高效率的教学组织形式，这和传统意义上的快慢班有着根本上的不同。从目的上而言，分层分组教学则着眼于每一个学生都能在原有基础上获得良好发展；从教育资源配置而言，在分层分组教学中，教育资源的分配则是公平的甚至是补偿性的。

（3）重视学生创新精神和实践能力培养。素质教育要以培养学生的创新精神和实践能力为重点。教师在重视培养学生创新精神的同时，要调整和改革基础教育课程体系、结构和内容，建立国家课程、地方课程和校本课程结构，建立新的基础教育课程与教学体系；要加强课程的综合性和实践性，重视实验课教学，培养学生的动手操作能力；要增强农村地区义务教育课程、教材与当地经济社会发展的适应性。教育与生产劳动相结合，是培养全面发展人才的重要途径。各级各类学校在加强学科教学中的实践环节的同时，要从实际出发，加强和改进对学生的生产劳动和实践教育，使其接触自然和了解社会，培养实践能力，培养热爱劳动和艰苦奋斗的精神。学校要积极鼓励学生参加形式多样的课外实践活动，培养学生的动手能力。社会各界要为学校开展生产劳动、科技活动和其他社会实践活动提供必要的条件，同时要加强学生校外劳动和社会实践基地的建设。

（4）培养学生主体精神，注重学生个性发展。主体是指从事现实活动的人，即活动的承担者和发动者。主体精神是人作为活动主体在自觉活动中表现出来的一种性状，既包括主体的能动性、创造性和自主性等精神因素，也包括主体将这些精神因素物化为活动成果的能力因素。素质教育的主体性是指在素质教育过程中，管理者、教育者、受教育者的主体意识充分觉醒，包括主体潜能在内的主体能动性的充分发挥、主体精神世界和意志的充分拓展、主体素质的全面提高。素质教育以突出受教育者的主体精神为重要标志，将所有的教育活动都建立在学生主动需要的基础上，学生的学习活动在学生自主探索的过程中进行，以满足学生的学习需求为直接目的。素质教育还应从促进学生主动精神出发，把学生看作知识的主人；不仅仅把学生当作认知体，更重要、更本质的是把学生作为包含认知方面和非认知方面的完整的生命体。素质教育要指导学生怎样做人，为学生指导完整的人生，帮助其形成强大的人格力量和积极向上的精神风貌。

（5）着眼于学生终身可持续发展。终身教育是现代教育的重要标志之一，素质教育具有终身的性质，素质教育应该从基础教育阶段扩大到各级各类教育。从纵向方面说，素质教育将体现教育的连续性和一贯性，强调学前经验和学校学习的结合，学校和社会实践活动的结合，强调各级教育在组织和内容上的一体化。从横向方面而言，素质教育体现家庭、学校、社会的一体化，体现了教育与生产生活的密切结合。作为终身教育体系基础的学校教育，不仅要传授知识，更要为每个学生的终身发展奠定基础。

3. 主体教育

在教育理论中，主体性是指人作为社会活动主体的本质特征，是主体作用于客体时表现出来的特性，它是人区别于其他动物的标志，它最能体现人的本质力量。而学生的主体性包括两种含义：一种是人在自我发展中的主体性，这是处于发展和提高过程中的不成熟、不完全的，开始甚至是很微弱的主体性，它属于教育与发展过程的问题，是在教育过程中需要调动、培育和提高的学生的主体性；另一种是人在历史发展中的主体性，这是在社会作用包括教育影响下学生达到一定发展水平，能独立自主地发挥能动作用的主体性，它属于教育目的和结果的问题，是教育应塑造、追求和实现的学生在未来发展上成为社会主体的人的主体性。为了造就具有主体性的社会成员，弘扬人在社会历史发展中的能动作用，就必须注重在教育过程中调动、培养和不断提高学生的主体性。

学生作为一个正在成熟和发展中的个体，他的主体性需要通过多种途径得以培养和发展。而教育作为学生生活的一个极为重要的组成部分，作为一种有目的、有计划、有组织的培养人的社会实践活动，是通过促进人的社会化和个性化来展开的。人的社会化和个性化的过程，就是人的主体性素质的不断培育与展现的过程，其结果是使个体由自然人逐步成为社会生活的主体、社会活动的主体。只有这样的人才能主动、积极地参与社会生活，并为社会进步做出贡献。从这个意义上来说，教育在本质上是对个体主体性的培养过程，是一种主体教育理念。主体教育理念是根据社会发展的需要和教育现代化的要求，教育者通过启发、引导受教育者内在的教育需求，创设和谐、宽松、民主的教育环境，有目的、有计划地组织、规范各种教育活动，从而把他们培养成独立自主地、自觉能动地进行认识和实践活动的社会主体。主体教育理念是一种培育和发展受教育者的主体性的社会实践活动，主体教育理念具有以下方面的特性。

（1）思想层面的科学性与民主性。学生主体性发展的重要基础是其生理、心理、文化结构的全面、和谐和充分的发展，而不是某个方面或局部的发展。学生的主体性素质是一种综合的、整体的素质，各要素之间具有相互影响的内在制约关系，即一种主体性素质的发展，有助于促进其他主体性素质的提高。主体教育理念是建立在尊重学生的主体地位、学生学习发展的客观规律基础上，对学生进行全面科学的引导，促使学生在自主发展的教育教学过程中不断建构合理的观念结构、知识结构、智力结构和方法结构。主体教育是在师生共同营造出的活泼、生动、和谐、民主、平等的教育氛围中进行的。民主平等的人际关系是学生主体性发展的基本条件和前提。主体教育理念的师生观是一种关于传统教育中两种对立的师生观命题的整合，它认为师生关系应以民主平等为基本原则和基本价值取向。民主性主要表现在两个方面：①把教育变成一种民主的生活方式，尊重学生的主体地位；②使教育过程成为学生民主思想、民主精神、民主参与能力的培养过程，以民主化的教育造就一代富于主体性的新人。

（2）实践层面的活动性与开放性。学生主体性发展是以活动为中介的，学生只有投身于各种活动之中，其主体性才能得到良好的发展。学生主体性的形成与发展，究其实质而言可以抽象为两个方面：一方面是通过活动不断地将人类现实据为己有的内化过程；另一方面是通过活动不断地将已有的心理品质表现出来的外显过程。学生的主体性正是通过内化与外显的无数次交替而逐步形成、发展和完善的。学生在活动中形成了主体性，在活动中表现出主体性，活动是影响学生主体性发展的决定因素。主体教育理念是对学生学习活动的规范、组织和引导，通过精心设计各种教育活动，使影响学生主体性形成和发展的各种因素达到优化，使各种不同的活动形式和决定着它们的诸多条件相互促进、紧密结合，从而对学生的身心发展发挥主导作用。

开放型社会需要开放型人才，而开放型人才需要开放型教育来培养。现代社会要求通过教育，能够培养出大批具有开放型思维方式、多维智能结构的人才，这也对教育提出了更高的要求。主体教育理念的开放性，主要表现在学校教育系统与整个社会生活的紧密联系上，要求把学生从课堂引向广阔的社会，缩短对社会生活的适应期；还表现在学校教育内部应树立开放的教育观念，确定培养开放型人才的教育目标和内容，建构开放的教育体系，选择和运用开放式的教育方法和途径等。

（3）教学模式的主体参与性。教学模式是教育观念与指导思想、教育目标、内容、方法与评价等要素的总称，它是教育思想与教育实践之间的一个中介环节。主体教育理念思想指导下的教学模式视学生为被动的客体，教学活动的设计、组织和实施都是为了掌握知识的局面。主体参与教学模式承认学生的主体地位和作用，把教学视为构建学习主体的对象化活动。课程内容的掌握仍是重要的，但课程内容掌握本身不再是教学的目的，而是成为构建学习主体的手段。教学目的是把课程内容转化为学习主体的主体意识和主体能力，教学的整个过程就是为了学生主体性的发展，使学生最终成为能够自主驾驭和支配整个世界（自然、社会、人自身）的主体。

主体性教学模式在新的教学观的指导下，将教学活动设计成极富个性化的活动，既要求教师充分发挥主体性，针对教学对象、教学内容、教学目标、教学手段以及自己的教学背景进行综合考虑，精心规划和安排，又要一切以学生的主体参与为核心。因此，主体参与应是主体性教学设计的根本原则。主体参与原则就是教师在设计教学时，把参与性贯穿在教学的整个过程，使学生最大限度地处于主体激活状态，能主动积极地去行动，去实际操作，给学生创设积极活动的情境，使学习成为学生的自主活动。

4. 创新教育

创新教育是使整个教育过程被赋予人类创新活动的特征，并以此为教育基础，达到培养创新人才和实现人的全面发展为目的的教育。创新人才应该包括创新精神和创新能力两个相关层面，其中，创新精神主要由创新意识、创新品质构成；创新能力则包括人的创新感知能力、创新思维能力、创新想象能力。从两者的关系而言，创新精神是影响创新能力生成和发展的重要内在因素和主观条件，而创新能力提高则是丰富创新精神的最有力的理性支持。

（1）创新教育的目标定位。基础教育是为个体升入上一级学校、自身素质持续发展以及今后走向社会做准备的教育，基础教育阶段的创新教育也要为学生未来的持续性创新打基础。概括而言，具有深厚基础性和广泛迁移性的创新品质主要包括创新精神和创新能力两个方面。

第一，创新精神。创新精神是创新的人格特征，是主体创新的内部态度与心向，包括创新意识、创新情感和创新意志三个方面。①创新意识是个体追求新知的内部心理倾向，这种倾向一旦稳定化，就成为个体的精神与文化。②创新情感是个体追求新知的内部心理体验，这种体验的不断强化，会转化为个体的动机与理想。有创新情感的人常常是情感细腻丰富，外界微小的变化都能引起强烈的内心体验；人生态度乐观、豁达、宽容，能比较长时间地保持平和、松弛的心态；学习和工作态度认真、严肃，一丝不苟，有强烈的成就感，工作的条理性强；对世间的所有生命都有同情心和责任感，愿意为改善他们的生存状态而尽心尽力等。③创新意志是个体追求新知的自觉能动状态，这种状态的持久保持，就会成为个体的习惯与性格。有创新意志的人常常能排除外界的各种干扰，长时间地专注于自己的活动；工作勤奋、行为果断，对自我要求较高，对工作要求较严；善于沟通与协调，组织能力强，有较强的灵活性，为达到目的愿意变换工作的途径和方法；有较强的独立性和自制力，在没有充分的证据和理由之前，不轻易放弃自己的主张，能容忍别人的观点甚至错误等。

第二，创新能力。创新能力是创新的智慧特征，是主体创新的活动水平与技巧，包括创新思维和创新活动两大方面。①创新思维是个体在观念层面新颖、独特、灵活的问题解决方式。创新思维是创新实践的前提与基础，具有创新思维的人常常感受敏锐、思维灵活，能发现常人看不见的问题并能多角度地考虑解决办法；理解深刻、认识新颖，能洞察事物本质并能进行开创性的思考；思维辩证、实事求是，能合理运用发散与聚合、逻辑与直觉、正向与逆向等思维方式，不走极端，能把握事物的中间状态等。②创新活动是创新思维的发展与归宿，具有创新活动能力的人常常实践活动经历丰富，经受过大量实践问题的考验；乐于动手设计与制作，有把想法或理论变成现实的强烈愿望；不受现成的框架束缚，不断尝试错误、不断反思、不断纠正；愿意参加形式多样的活动，乐于求新、求奇，乐于创造新鲜事物等。

（2）创新教育的核心内容。以培养学生创新精神为首要目标的创新教育，完全可以围绕"创新"的核心内容展开，通过学校各种教育形式，培养学生"再次发现"知识的探索精神，培养"重新组合"知识的综合能力和准备"首创前所未有"事物的创造意识和创造能力。

第一，探索精神的培养。坚持对知识"再次发现"探索式学习观念，本身就是一种科学精神，它要求学生不盲目接受和被动记忆课本或教师传授的知识，主动地进行自我探索，把学习过程变成一种"再次发现"人类以往积累的知识的参与式活动。科学是知识系统，学习科学并不是为了记忆和背诵真理，而是为了认识和不断更新真理。教学中强调的应该是"发现"知识的过程，而不是简单地获取结果；要结合课程教学进行知识探源，把握其发展变化趋势；要让学生深刻感受到，任何科学知识都是人类艰苦努力不断探索的结晶，以此弘扬科学人文精神；要鼓励学习中的探究和怀疑，凡事多问原因，学习探索是对知识整体及其联系的把握。

第二，综合能力的培养。从某种意义而言，综合能力就是将现有知识重新组合为新知识的能力，新组合的独特和新颖标志着创新。学生要面对的是一个从学科知识高度分化走向高度综合的社会，国家创新能力的获得是快速的知识共享与持续的新的组合应用的结果。知识的重新组合就是把原来的知识联系起来合成一种综合知识，或者把一种知识拆分成多个部分，然后以新的形式将这些部分重新联系起来，成为具有新特征、新功能、新内容的知识。课程学习中的知识重组通常包括三种不同的层次：①将某学科课程内部的知识进行重组；②将不同学科课程的知识进行重组；③将学科课程所包容的知识与课程未能包容的知识进行重组。课程教学可从第一层次入手，希望学生最终能够做到跨学科和跨出课程规定的内容去自学，把进入现代社会所必须了解和掌握的所有知识重新组合，融会贯通，运用这种重组的知识解决复杂的问题，从而内化为创新精神和创新能力。

第三，创造意识和创造能力的培养。创造意识是驱使个体进行创造行为的心理动机，没有创造意识的人不可能进行创造和发明。学生普遍具有创造潜能，它不是少数人特有的秉性，在适当的教育下，可能在每一名学生个体身上显现和发展。当然，限于生理年龄特点，教师无法要求所有学生都具有很强的创造能力，但创造意识的培养则必须从青少年时期开始。创造意识是创新素质培养的前提，因为创新素质不仅表现为新思想、新技术和新产品的发明创造，而且表现为善于发现问题、求新求变、积极探究的心理取向。创造意识包括强烈的创造激情、求知欲、探索欲、进取心、好奇心、自信心等心理品质，也包括具有远大的理想、不畏艰险的勇气、锲而不舍的意志等非智力因素。逐步培养学生创造"前所未有"事物的能力，则可以从创新层面的重新发现，尤其是重新组合着手。事实上，世界上大多数的创造发明，都是原有事物的再次发现和重新组合，产生质变后才表现为"前所未有"。因此，注重培养学生再次发现和重新组合的品质，就是为他们创造能力的形成奠定坚实的基础。

（3）创新教育的实施要求。实施创新教育就是要从培养创新精神入手，以提高创新能力为核心，带动学生整体素质的自主构建和协调发展。而创新精神和能力不是天生的，它虽然受遗传因素的影响，但主要在于后天的培养和教育。创新教育的过程，是充分发挥其主体性、主动性，使教学过程成为受教育者不断认识、追求探索和完善自身的过程，即培养受教育者独立学习、大胆探索、勇于创新的过程。因此，在教学过程中要致力于培养学生的创新意识、创新能力及实践能力。

第一，转变教育观点，培养创新意识。教师观念的转变是实施创新教育的关键和前提。一方面，班主任要认识到课堂教学中教师与学生的地位和作用，教与学的关系，发挥教师的主导作用和学生的主体作用，充分调动学生的学习主动性和积极性，使学生以饱满的热情参与课堂教学活动。教师在学生的学习过程中应是组织者、指导者、帮助者、评价者，而学生是教学活动的参与者、探索者、合作者，学生的学习动机、情感、意志对学习效果起着决定性作用。另一方面，在教学方法上也要转变为启发式、讨论式、探究式，学生通过独立思考，处理所获取的信息，使新旧知识融会贯通，建构新的知识体系，这样才能使学生养成良好的学习习惯，从中获得成功的喜悦，满足心理上的需求，体现自我价值，从而进一步激发他们内在的学习动力，增强创新意识。

第二，营造教学氛围，提供创新舞台。课堂教学氛围是师生即时心理活动的外在表现，是由师生的情绪、情感、教与学的态度、教师的威信、学生的注意力等因素共同作用下所产生的一种心理状态。良好的教学氛围是由师生共同调节控制形成的，实质就是处理好师生关系、教与学的关系，真正使学生感受到他们是学习的主人，是教学成败的关键，是教学效果的最终体现者。因此，教师要善于调控课堂教学活动，为学生营造民主、和谐、平等、融合、合作、相互尊重的学习氛围，让学生在轻松、愉快的心情下学习，鼓励他们大胆质疑，探讨解决问题的不同方法。师生关系融洽，课堂气氛才能活跃。只有营造良好的教学气氛，才能为学生提供一个锻炼创新能力的舞台。

第三，训练创新思维，培养创新能力。创新思维源于常规的思维过程，又高于常规的思维，它是对某种事物、问题、观点产生新的发现、新的解决方法、新的见解，它的特征是超越或突破人们固有的认识。因此，创造思维是创造能力的催化剂，提问是启迪创造思维的有效手段。班主任在课堂教学中要善于提出问题，引导学生独立思考，使学生在课堂上始终保持活跃的思维状态。通过特定的问题使学生掌握重点，突破难点。想象是在已有表象的基础上，经过新的配合而创造出新形象的心理过程。通过想象人们看问题能由表及里，由现象到本质，由已知推及未知，班主任在教学过程中要诱发学生的想象思维。

第四，掌握研究方法，提高实践能力。科学的研究方法是实现创新能力的最有效手段。任何新的发现、新的科学成果都必须用科学的方法去研究，并在实践中检验和论证。因此，班主任要使学生掌握科学的探究方法，其基本程序是：提出问题—做出假设—制订计划—实施计划—得出结论。课堂教学中主要通过实验来训练学生的实践能力，尽量改变传统的演示性实验、验证性实验为探索性实验。另外，还可以向学生提供一定的背景材料、实验用品，让学生根据特定的背景材料提出问题，自己设计实验方案，通过实验进行观察、分析、思考、讨论，最后得出结论，这样才有利于培养学生的协作精神和创新能力。有时实验不一定获得预期的效果，此时教师要引导学生分析失败的原因，找出影响实验效果的因素，从中吸取教训，重新进行实验，直到取得满意的效果为止，不仅可以提高学生的实践能力，而且能培养学生的抗挫折能力。

（二）班主任的道德素养

道德素养是班主任在从事班级管理活动、履行班主任职责中必须遵循的道德规范和行为准则。道德素养是班主任做好班级管理工作的保证，班主任应该是道德高尚、人格伟大的优秀教育工作者。

1. 热爱教育

热爱教育、献身教育是班主任最基本的道德要求。热爱教育事业显示了班主任道德素养的本质特征。热爱教育事业，反映了广大人民群众的根本利益和要求，对协调班主任个人利益与社会集体利益起着重要作用。热爱教育事业，就要树立崇高的职业理想，把从事班级管理与教育工作作为自己的理想与抱负，培养对教育工作真挚的深厚感情，以从事教育事业为荣，以献身教育事业为乐，全心全意为教育事业服务。热爱教育事业，不仅是对班主任道德的要求，也应成为他们追求人生价值的最高目标。

2. 关心学生

关心学生、诲人不倦是班主任道德素养的核心，是班主任崇高思想品德的具体体现。班主任对学生的爱，不是个人的爱，它是一种对学生寄予无限希望的爱，是对学生无微不至的关怀。班主任对学生的爱，要做到爱中有严，把爱与严结合起来，统一起来。

3. 为人师表

班主任应当具有以身作则、为人师表的品德，这是班级管理对班主任提出的特定要求。在班级管理过程中，学生不仅听班主任怎么讲，还要看他们怎么做。班主任不仅应该把知识传授给学生，而且要通过自身的行为和人格影响学生。因此，班主任的为人处世、治学态度、行为习惯、服饰仪表，乃至一言一行、一举一动都会直接对学生产生影响，起着极为重要的作用。班主任的言行不仅对学生，而且对家长乃至整个社会都有可能产生较大影响。班主任要以美的语言、美的行为、美的心灵去影响、教育、熏陶学生，做到身教与言教的紧密结合。凡是要求学生做到的，班主任首先要做到；凡是要求学生不做的，班主任也一定不要做。

4. 团结协作

班主任的劳动虽然具有明显的个体性，但劳动成果是集体共同完成的，班主任起着至关重要的作用。班主任不仅要将校内的学科教师、行政人员、管理人员、服务人员联结在一起，做好团结协调工作，而且要把校外的家长、校外班主任、社区教育力量等联结在一起，做好团结协调工作。班主任要在横向和纵向两方面，通过协调以统一各种教育力量，达到教育的一致性和统筹性，形成最佳教育效果。班主任还要协调好班级成员和班级事务等各项工作的关系，使班级成员始终处于和谐、融洽的气氛中，使班级始终有序、有条不紊地中运作。

5. 教育公正

教育公正作为调节教育内外部关系的重要道德规范，在社会生活和教育教学活动中都具有重要的意义和价值。教育公正一旦形成，就会在学校生活中发挥重大作用。对教育公正的追求，也是班主任实现班级管理目的的前提条件。班级管理是班主任和学生在特定情境中，围绕一定内容进行的一种特殊的交往活动。在这种交往活动中，班主任对待学生的方式，表现出复杂的公正问题。在班级管理中，教育公正具体体现在以下三个方面：①坚持真理，伸张正义。班主任是社会文明的传承者，因此在学生眼里理应是真理的化身。他们不但要传播真理、坚持真理、捍卫真理，为学生树立坚持真理、尊重科学的榜样，又要面对现实、伸张正义、主持公道，以自己的道德行为影响学生健康社会情感和态度的形成。②对学生一视同仁，爱无差等。在对待学生个体方面，班主任特别要注意坚持以公正的态度去处理师生关系。在对待学生群体方面，班主任应遵循面向全体、照顾多数的原则，追求学生的整体发展。③办事公道，赏罚分明。教育教学虽然总体上而言是集体劳动，但又具有个体分散的特点。教育公正的原则不但时刻在发生作用，而且显得相当重要。办事公道、赏罚分明是班主任处理各种矛盾时坚持教育公正的具体体现。

（三）班主任的能力素养

班主任能力素养的高低直接影响着班级活动的效率，影响着学生身心发展的速度和水平。

1. 一般能力

（1）敏锐细致的观察力。观察力是指一种有目的、有组织地主动知觉有关对象的能力。敏锐细致的观察力是班主任必备的能力素质之一，是班主任提高工作质量的重要条件。因材施教是教育教学的基本原则，班主任要贯彻因材施教的原则，要对学生进行全面而深入的了解，准确掌握每个学生的具体情况。而要了解学生，主要是靠班主任细致的观察，这必然要求班主任要具备敏锐的观察力。学生的成长并非直线上升，特别是思想品德和良好行为习惯的养成，会经常出现曲折起伏，甚至经历多次反复，班主任只有灵敏地察觉这些变化，把握学生思想，才能及时加以指导和补救，引导学生健康成长。

（2）良好的注意分配力。注意分配力是人在同一时间内把自己的注意力指向不同对象的能力。教育教学工作是一项需要多种知识、技能协调配合的复杂脑力劳动。在班级管理中，班主任往往要面对许多不同的学生，随时处理各种偶发事件，排除各种干扰，维持好课堂纪律，这些都离不开班主任良好的注意分配力，要求班主任既能把注意力集中于班级管理的主要活动上，又能把注意力分配到学生身上。良好的注意分配力是班主任的一项专业能力要求，也是衡量班主任班级管理水平的一个重要标志。

具有较强注意分配力的班主任，往往能有效地利用言语、板书、教具等各种信息载体向学生传递知识，使读、写、做有机地融为一体，相得益彰。学生不仅听得懂，理解得透，而且学得生动活泼，学得饶有兴趣。具有较强注意分配力的班主任，在班级管理过程中不仅善教，而且善导，能够适时地根据自己讲授的线索，引导学生积极思考，创设活跃学生思维的教学情境，随时注意学生情绪上的细微变化，发现学生思维中的问题，及时予以启发诱导。

（3）丰富的想象力。班主任的工作是一种充满创造性的脑力劳动，没有想象力的积极参与是无法顺利有效地进行的。具有丰富想象力的班主任，不仅善于洞察学生的心理，还能根据学生的特点，预料其发展动向以及采用不同教育措施可能产生的后果，从而有针对性地实施教育影响。具有丰富想象力的班主任，在班级管理活动中能高瞻远瞩，对学生满怀美好的发展期望，对人类发展充满乐观的信念，使班级管理工作更好地面向未来。想象力不仅在班级管理工作中是必要的，而且也是不可或缺的。大凡想象力丰富的班主任，都能对班级管理进行精心设计，把学生引入美好的境界，他们能把深奥的事理形象化，把抽象的事物具体化，使知识生动形象、潜移默化地顺利进入学生的大脑，这不仅有助于学生理解知识，而且还有助于学生发展自己的再造及创造性想象力。

（4）创造性的思维力。创造性的思维力是能独立地思考问题和解决问题，并在已有的知识和经验基础上进行创建性构思，以新的方式解决前人未曾解决的问题的能力。善于思索和进行创造性劳动是班主任的一种最为可贵的心理品质。只有具备这种心理品质的班主任才能取得班级管理上的成功，才能在班级管理活动中不断有所发现、有所创新。班主任创造性的思维力对班级管理工作的重要意义是由班主任本身的劳动特点决定的。班主任的工作具有复杂性和多变性，需要班主任思维具有灵活性和创造性，班主任通过独立思考和创造性的智慧，才能充分发挥自己的教育力量，卓有成效地实现班级管理的最终目标。

2. 特殊能力

（1）语言表达能力。语言是班主任表达思想、传授知识、传播文明、启迪智慧、塑造心灵的最基本工具和最主要手段。班主任语言表达能力的强弱，直接关系到班级管理工作的成败。班主任的语言表达能力应符合以下基本要求。

第一，准确明晰，具有科学性和准确性。科学的语言是周到严密、含义明确、措辞精当、不生歧义的准确语言。只有这样的语言才能揭示客观事物的本质和规律，给学生以清晰的认识。

第二，简洁练达，具有逻辑性和系统性。班主任的语言表达要简洁明快、干净利落，既准确又凝练，层次分明，句句连贯，具有内在的逻辑力量和高度的概括水平，启迪学生的创造性思维活动。

第三，生动活泼，具有形象性和情感性。班主任在班级管理工作中用语要鲜明活泼、生动形象，将抽象的概念具体化、深奥的哲理形象化、枯燥的知识趣味化。生动形象、富有趣味的讲授能引起学生的直接兴趣，使其听讲认真、感受深刻、思维活跃，而且能激发其强烈的学习动机。

第四，通俗易懂，具有通俗性和大众性。班主任的语言要深入浅出、明白流畅、平易近人，语言表达应使学生听得明白，用语要有针对性，这应成为班主任语言的一个基本准则。

（2）了解研究学生的能力。学生是班主任班级管理的对象，了解研究学生是班主任的一种最基本的专业能力。班主任了解研究学生的能力主要有以下特点。

第一，细致深入。班主任要能体察学生内心的细微变化，并透过这些细微表现把握其知识背景和智力发展水平，掌握他们的心理状态和思想动态，能深入学生的意识中去了解学生的自我观念。班主任了解和研究学生的能力强弱，并不单纯取决于观察了解学生时间的长短和把握学生特征的多少，而主要在于能否抓住一些具有决定意义的成分，特别是善于从隐蔽的、容易忽视的细节之中，探索出事物的本质。

第二，迅速准确。班主任要能迅速地进行观察，善于抓住最能表现学生内心活动的主要表现，而又不为假象所迷惑，具有这种品质的班主任，往往善于在瞬间捕捉学生的表情和行为的细微变化，迅速掌握学生的特点，判断所发生的真实情况或学生的心理活动，及时地处理问题。

第三，全面客观。班主任要能从时间和空间等方面对学生进行了解和研究，能保证了解和研究的系统性。班主任善于利用一切可以利用的机会和场合，对学生进行多角度、全方位的观察、了解和研究。

（3）组织管理能力。班主任从走进班级的那一刻开始，就要把兴趣、爱好、性格特点各不相同的学生组织起来，形成一个自觉的班集体，这都需要班主任有较强的组织管理能力。班主任组织管理能力的强弱，在一定程度上对班级管理工作的成败起着决定性的影响。班主任的组织管理能力主要包括以下方面的内容。

第一，制订班级管理计划的能力。有效地制订班级管理计划是班主任开展工作的前提，有组织管理能力的班主任，一般都能自觉地计划和协调自己的班级管理工作。

第二，组织管理学生的能力。班主任所面对的对象不是单个或少数的学生，而是构成一个集体的班级。在集体中进行共同的教育教学活动，需要班主任具有较强的组织和管理能力，才能按照整体的要求来协调每个学生的活动，也才能保证集体活动的顺利进行。

第三，组织管理课堂的能力。组织管理课堂的能力是班主任组织管理能力的又一个重要方面，课堂组织管理得当与否直接关系到教育教学的效率和效果。良好课堂教学的指标主要包括秩序井然、气氛民主和注意集中，其中以学生注意的组织管理最为关键。

（4）教育机智能力。在班级管理过程中，具体情境瞬息万变，班主任面对错综复杂的情况，特别是对突如其来的偶发情况，能够正确、迅速、敏捷地判断，恰到好处地做出处理，从而取得良好的管理效果，这就是教育机智。班主任良好的教育机智能力的运用应注意以下基本要求。

第一，循循善诱，启发引导。班主任要根据学生的具体情况，运用循循善诱的方式加以教育引导，善于发现和利用学生的积极因素，帮助他们扬长避短，使其逐步增长克服缺点的内在精神力量，这是教育机智最重要的内容。

第二，灵活机智，机敏幽默。班主任能够根据现场情况，灵活机智地处理班级管理活动中的偶发事件，及时地调解和消除矛盾，有效地影响和教育学生。

第三，讲究分寸，适可而止。班主任在处理班级管理中的问题和事件时，要注意讲究分寸，恰到好处，适可而止，这是教育机智运用的重要原则。做任何事情都有一个分寸或度的问题。班主任的教育机智应该以教育规律为依据，从学生的实际情况出发，谨慎地处理班级管理中所发生的每一个问题。

（5）人际交往能力。班主任在班级管理工作中要处理各种各样的人际关系，如班主任与学生的关系、班主任之间的关系、班主任与家长的关系、班主任与社会其他行业人员之间的关系等。班主任与这些群体及个人之间关系处理得恰当与否，在一定程度上影响着班主任班级管理工作的成效。班主任的人际交往能力主要包括以下方面。

第一，积极的关注。关注他人是人际交往的起点，而善于关注他人对于班主任而言也是十分重要的。在班级管理活动中，班主任要及时全面地了解学生的学习和思想情况，这就要求班主任要关注学生心理和行为的变化，分析这些变化的原因，找出变化的规律。

第二，尊重与信任。尊重与信任是人际交往的基本前提，这在师生交往过程中显得更为重要。一方面，班主任要尊重学生的人格，认识到学生与班主任在道德人格和法律人格上是完全平等的；另一方面，也要尊重每个学生的个性特点。

第三，善于倾听。善于倾听是与他人交往所需要的重要技能，也反映出一个人的修养水平。善于倾听意味着能够抓住讲话人所表达的主要内容和意图，也意味着倾听者能够对对方所说的话加以区别，并正确表达自己的观点。班主任需要经常倾听学生的要求，分析他们的内心活动，为学生答疑解惑。班主任还要做学生的心理咨询师，这就更需要具有良好的倾听能力。

第四，理解与共情。理解与共情是指能够站在他人的角度来分析问题，能够理解与分担对方精神世界中的各种负担的能力。班主任的工作对象是成长中的青少年学生，他们不仅需要班主任的指导，而且还需要班主任的理解与尊重，班主任应经常站在学生的角度理解和体察他们的心理活动和需求。

（6）自我调控能力。班主任的自我调控能力包括两个方面的内容：①根据客观需要调控自身主体结构的能力；②调控自身的心境、情绪和情感的能力。班级管理是一个开放系统，而不是一个封闭系统，它随时要和社会发生信息交流，保持与社会的平衡。社会上任何一种因素的变化，都可能或多或少、直接或间接地影响教育系统，引起教育内部各种结构的变化。班主任要适应这些新的变化和要求，就必须具有较强的自我调控能力，主动地按照需要来改变主体结构。班主任应注重自我控制能力的培养，善于调控自己的情感和心境。

（四）班主任的知识素养

知识素养是班主任自身和学生全面发展的基础，也是影响班主任威信的重要因素之一。班主任知识越丰富，就越有权威性和教育的力量。

1. 专业知识

好的班主任应该是好的任课教师，好的任课教师必须有精深的专业知识，这是其必备条件。对于自己所教学科的基础知识、理论体系，教师应全面、系统地掌握。要能够了解本学科知识的逻辑起点和基本结构；透彻理解本学科的概念、定理、法则、规律和公式等基本理论知识；熟练掌握运用本学科知识的技能技巧；把握本学科的重点、难点和关键；了解本学科的发展历史和在本学科中做出重大贡献的人物的基本情况；密切关注本学科发展的新动向、新成果。专业知识只有达到精深，才能运用自如，才能准确、系统、有效地把知识转化为学生的精神财富。

2. 教育科学知识

随着时代的发展，班级管理变得日益复杂，班主任不能仅依靠直接的经验从事班级管理工作，而必须掌握丰富的教育科学理论知识。班主任只有系统地掌握教育学、心理学、教育心理学和学科教育学等方面的教育理论知识，才能认识和把握教育规律，了解学生身心发展的年龄特征，促使班级管理工作朝着科学化的方向发展。教育科学知识不仅能使班主任获得班级管理的成功，还有利于完善道德修养，增强班主任的专业志趣和专业信心，调控自身的情绪、情感和心理状态，促使班主任自身的专业发展。

3. 相关学科知识

任何学科都不是绝对独立的，都与其他学科存在着密切联系，都包含着其他众多相关学科的知识。各门学科之间相互交叉、相互渗透的发展趋势更为明显。为了出色地完成班级管理任务，班主任就要不断地拓宽自己的知识视野，学习掌握较多的相关学科的基础知识。学校及其所从事的一切活动赖以确立的基础，就是每个班主任的多样化的知识、丰富的智力活动、宽阔的眼界和在学识上的不断提高。

4. 管理科学知识

班级是现代学校开展教育教学和管理活动的基层组织，班级管理是学校管理工作的基础。班级管理得如何，对贯彻国家教育方针、落实学校教育计划、实现培养目标起着关键作用。班主任是班级的直接管理者，要做好这项工作，丰富的班级管理经验虽然很重要，但还必须掌握一定的管理科学知识，并把它们切实用于班级管理，这样就可以加强班级管理的科学性和主动性。

（五）班主任的心理素养

心理是个体社会化的产物，既具有社会特征，又具有个体的独特风格。良好的心理素养，是做好班主任工作、促进学生身心健康发展的重要条件。

1. 教育心理

（1）道德心理。专业道德是班主任处理和调节班级管理活动中人与人之间关系的特殊的道德要求，班主任专业道德品质是一个完整的心理系统，其心理成分包括专业道德认识、专业道德情感和专业道德行为等方面。专业道德认识是班主任在班级管理过程中表现出来的对是非、好坏和善恶的行为准则及其意义的认识，如班主任的专业信念、专业人生价值观、专业理想等；专业道德情感是伴随专业道德认识所产生的一种内心体验，班主任的专业道德情感集中体现在爱国主义、热爱教育事业和热爱学生等方面；专业道德行为是在班主任班级管理实践活动中形成和发展的，也是衡量班主任品德的重要标志，班主任专业道德行为集中表现在班主任的以身作则、为人师表、言行一致等方面。

（2）教学心理。班主任的教学心理包括一般教学能力、教学技能、辅导学习技能和教学监控能力等方面。一般教学能力是班主任在教学实践中形成和发展的基本能动力量，是实现人才培养的保证，如班主任的智能、言语能力、非言语能力等；教学技能是班主任从事教学活动、完成教学任务必须具备的基本技能，如掌握教学大纲、运用教材、教学设计、信息技术等技能；辅导学习技能是班主任在教学过程中辅导学生解决一系列学习问题的能力，也就是辅导学生学会学习的技能，通过班主任辅导，学生能充分发挥学习的主动性、自觉性和积极性，会制订计划、会预习、会听课、会做作业、会复习、会应考等；教学监控能力是指班主任在教学过程中为成功地实现教学目标，以教学活动为监控对象，不断地对其进行积极主动的计划、检查、评价、反馈、调控的能力，如班主任在教学活动前的计划和准备，对课堂教学的检查和反馈，对整个教学活动的调控等。

（3）辅导心理。辅导是辅导者协助当事人解决心理问题，为当事人的心理发展提供帮助和服务的一种人与人之间的心灵交流与互助的活动。辅导心理作为应用心理学的一个新概念，已成为现代教育主体性发展水平的一个重要标志。随着教育现代化进程的不断推进，主体教育价值理念得以广泛弘扬，现代教育走向以学习者为主体的终身教育和学习化社会，从而赋予教育者以辅导的教育职能。班主任不仅仅是一个文化知识的传播者，而且还是一个心理辅导者。班主任必须适应心理辅导的角色职能，自觉调整自身的知识结构、能力结构和专业技能，从而提高自身心理辅导素养。班主任辅导心理素质包括心理咨询素质、心理教育素质和心理治疗素质等内容。

2. 人格心理

班主任必须具备和养成健康完备的人格心理素质，并努力使其成为社会化和人类共有的心理素质。班主任人格心理在整个心理素质的形成和发展中居于重要地位，它不仅影响班主任的教育教学效果和效率，而且影响学生的个性形成和身心发展。

（1）性格。性格是人对现实的态度和习惯化的行为方式，班主任的性格是班主任在长期班级管理实践中形成的，逐步稳定的态度和习惯化的行为方式，它是班主任人格的最集中体现。班主任良好的性格体现在对教育事业的高度热爱以及对知识的强烈渴求上，也就是对教育事业勇于创新、善于探索，对班级管理工作认真负责、兢兢业业。班主任良好性格的形成，既有助于自身人格心理素质的完善，又有助于塑造学生的人格。具有良好性格的班主任能够得到学生的爱戴，促进班级管理工作的开展，学生会在学习活动中有意模仿班主任的言谈举止、思想感情，并能积极合作，提高班级管理工作的效率。

（2）移情。移情也称同理心、共感或共情。班主任在表达移情时，一方面，要放下自己的参照标准，设身处地从学生的参照标准来看问题，以感同身受的方式体会学生的内心感受和情感；另一方面，又要保持自己的身份，并把学生的内心想法和感受准确表达出来，并传递给学生。移情使班主任在教育教学过程中能够站在学生的角度看问题，充分体会学生的内心感受与情感，从而有助于良好师生关系的建立，促进学生开放自我、探索自我，以积极的心态面对问题、解决问题。

（3）宽容。宽容主要包含三层含义，即灵活、体察和无偏见。人们对外部世界的了解、对别人的看法和感情都有赖于自身的感觉与情感的参照系。如果人们能够改变自己的参照系，以适应外界情境的需要和标准，也就能够理解并适应与自己通常的参照系并非完全一致的各种变化，也就能容纳与自己不同的看法、思想、见解、情感，能对各种不同的人表示关切。认知参照系的灵活性引发了个体对他人的体察和无偏见，这就是宽容。对班主任而言，宽容能够使他摆脱先入为主的成见或偏见，更好地接纳各不相同的学生，不管学生的家庭背景、性别、身体、智力、个性、知识等如何，都能与他们和谐相处。班主任的宽容在很大程度上也是鼓励学生独立性和自主性人格发展的积极力量。

（4）期待。班主任对学生的期待是影响学生学业成绩及人格品质的一个重要因素。班主任如果根据对某一学生的了解而形成一定的期望，就会使该学生的学习成绩和行为表现发生符合这一期待的变化。班主任对学生的期待及其影响是在师生互动过程中产生的。一方面，班主任根据学生的学习行为、个性特征和在人际交往中的表现等，形成对某个学生的期待，这些期待会在班主任的教育教学行为中表现出来；另一方面，学生接受了班主任行为所暗含的深深期待，并根据期待的方向表现出相应的行为。在互动过程中，班主任不断坚持按自己的期待去影响学生，而学生也会逐步向班主任期待的方向发展。

3. 社会心理

（1）角色心理。随着经济社会的快速发展，教育价值及其功能也日趋多样化和复杂化，这就必然决定了班主任角色的多样性，这种多样性正好反映了社会、学校和学生等多元文化价值对班主任角色赋予的多方面的社会期望。班主任要想充分发挥积极能动作用，就必须善于自觉扮演和承担多重社会角色，如社会的代言人、知识的传播者、集体的管理者、学生的教育者、人际关系的调节者以及心理辅导者等。班主任在班级管理实践过程中，必须不断学习掌握各种社会角色期待和角色情景判断，学会在不同情景中从事自己的独特的角色活动，并能及时有效地处理各种角色之间的矛盾冲突，从而提高扮演并发挥多重角色的社会心理素质。

（2）交往心理。教育从其本质而言，就在于建立个人与集体和社会的密切联系，以保证个体社会化进程的顺利完成，而在这一过程中，班主任起着十分重要的作用。一方面，班主任的职能就是指导学生进行人际交往，并实施对学生集体人际关系的教育管理；另一方面，班主任本身就是群体交往的对象，师生之间在相互交往的过程中形成了一定的心理关系。如果相互之间能满足对方的需要就会产生彼此接近与和谐相融的心理关系。要在师生间建立良好的人际关系，班主任就必须首先具备良好的交往心理素质。

（3）管理心理。管理心理是班主任对班级管理活动的计划、决策、组织、指挥、监督、控制、调节等方面的综合素质与能力，它是保证班级管理工作顺利开展的必要条件。对学生集体而言，班主任既是教育者又是管理者，而学生集体的组织管理是一个多层次的复杂变化的动态过程，它与班级管理工作有机结合，构成班级管理的整体系统。正是基于这样的认识，班主任在班级管理实践中，就有必要全面地了解和研究学生以及班级管理的本质及规律，不仅要具有静态管理的素质，而且要具备动态管理的能力，也就是要随学生心理状态与外界环境变化及时改变管理的策略方法，以便达到最佳的管理效果。

第二节　新手班主任的专业发展分析

班主任专业化的核心不在于知识与技能，而在于人格与德行，这是由教育的本性和班主任专业化特性决定的。"系统、合理、科学的班主任专业发展支持体系有助于促进班主任的专业成长。"① 班主任的教育人格包括专业良知、专业精神和专业责任，应通过培育班主任的教育人格，即确立职业认同、树立教育理想信念、加强师德教育、建立完善系列制度等，实现班主任的专业化。

班主任要全面提高学生素质，要一切为了学生全面、健康的发展，并且在和谐的环境中让学生自主发展，要用先进的教育理念，用科学的理论指导，用高超细腻的技能技巧，用良好的人格魅力，精心地实施完成。班主任与学生互动共进、教学相长、平等互助、共同发展。新时期的班主任工作是一种全新的工作，是一种不可替代的、非常重要的专业性工作。

---

① 程豪等：《哪些支持对中小学班主任专业发展更加有效——基于对×省8925名班主任调研的证据》，载《湖南师范大学教育科学学报》2021年第20卷第5期，第25页。

一、班主任专业发展的内涵

班主任作为教师群体中的中坚和骨干，是联系校内外各种教育力量、形成教育合力的纽带和桥梁，是班集体的组织者和建设者。他们的工作性质不仅具有教师的共性，而且还有其特殊性。学生是有感情的人，因而班主任不仅要学会对学生精神生命的关怀，能与学生心灵沟通，尊重、期待和信任他们，还要具备组织、教育、管理班级的知识和能力，保证班级教育中各子系统的有效运作，并充分发挥其教育功能，这是班主任专业发展的基本内容。

班主任以育人为己任，与学生接触的时间最长、频率最高、影响最大，与学生的关系最密切。从专业精神而言，更强调敬业奉献；从专业道德上讲，更强调人格的魅力；从专业技能而言，更强调科学管理；从专业素养上讲，更强调知识的渊博和爱好的广泛。班主任专业发展是一种特殊类型的教师专业发展，教师专业发展的含义同样适用于班主任的专业发展，但两者又不能完全等同。班主任的专业发展是教师专业发展的深化与发展。因为，班主任是教师队伍中的"双职业生涯者"，一方面他们是学校中最基层的管理者，校长的办学思想、学校的规章制度、教育教学的绩效管理与评价，都集于班主任一人来体现；另一方面，班主任往往是由主课教师担任，他们是教学能手、业务骨干、科研带头人，他们的工作任务比一般任课教师要复杂和艰巨得多。担当班主任，需要其有特定的素质与能力，并非人人都适合做班主任。教师需要专业发展，班主任更需要专业发展。

班主任的专业角色比一般教师丰富得多，其专业发展的内涵也更加丰富，因此，对班主任专业化标准定得也肯定更高，这就决定了班主任专业化的特殊性。班主任专业发展是以班主任专业化标准为基础，逐步掌握班主任工作的理论知识，经过长期培养训练形成班集体建设与管理的能力和技巧，提高自身的学术地位和社会地位，全面有效地履行班主任职责的过程。

（一）个体专业发展

班主任个体专业发展即班主任自身的专业化，班主任个体在新教育理念指导下，严格培训和自主学习、实践、反思，用班主任专业所需要的教育、管理等科学理论武装自己，不断提高专业道德、知识、技能等专业素养的过程和结果。班主任专业发展体现了班主任个体成长和发展的本质，它不仅是"一般人"向"专业人"发展的过程与结果，而且是班主任由经验型向专家型转变的过程与结果。专业发展既是班主任个体专业的理想境界，又是班主任自身的努力目标。每个有志于献身教育事业的班主任，都应该从我做起、从现在做起，为自己的专业发展而奋斗终身。

（二）群体专业发展

班主任群体专业即班主任队伍专业化，班主任群体专业形成、发展的过程，以及经过长期努力奋斗、完全达到专业标准并赢得社会认可的过程和结果。长期以来，在提高教师个体专业素养的同时，一方面宣传教师职业的重要性及其专业依据，提高专业的权威性；另一方面争取其专业地位和与之对应的福利待遇。班主任个体专业发展与班主任群体专业发展是班主任专业发展一个问题的两个方面，二者是密不可分、相辅相成的。矛盾的主要方面在于班主任个体专业发展，它是班主任专业发展的重点。一方面，班主任个体专业发展是班主任群体专业发展的基础，是班主任群体专业发展的细胞和组成部分。每个班主任专业素养的水准是班主任群体专业发展的源泉和根本之所在。换言之，每个班主任专业素养程度高低，直接影响着班主任队伍专业发展程度。另一方面，班主任群体专业发展则是班主任个体专业发展的必然结果。班主任群体专业化是个体专业化的引领、支持和保障。班主任队伍专业发展的进程，必须争取社会的认可和支持，使之成为整个社会的责任。班主任队伍专业发展的意义重大，它既可以促进班主任的专业研究，也可以促进班主任福利待遇、社会吸引力以及社会地位的提高，这些都是班主任个体专业发展不可或缺的重要外部条件。

二、班主任专业发展的特性

班主任专业发展是以班主任专业自觉意识为动力，不断提高和完善专业素养的过程，即不断增强专业信念、提升专业理想、更新专业知识、增强专业自信、提高专业能力的过程，这个过程是在学校文化的熏陶下，通过履行班主任职责的工作实践，不断发现问题、解决问题，不断超越自我、完善自我的动态过程，这个过程也恰恰反映了班主任专业发展的以下特性。

（一）实践性

班主任专业发展是在班主任工作的实践中实现的。在实践中发现问题、解决问题、积累经验，形成属于自己的实践性理论知识，是班主任专业发展的基本路径。离开了专业岗位上的实践，就离开了班主任专业发展的本原，就离开了班主任赖以存在与发展的基础。

学生教育与班级管理、组织班集体活动这些具体的工作实践，不仅是班主任专业发展的基本手段，其工作实践的质量，也决定着班级德育的实效、班集体的健康发展和学生素质的全面提高，这也是班主任专业发展的目的。

（二）自主性

从本质而言，班主任专业发展是非常自我和内在的，所有外部期望即他律，都必须通过班主任的"内因"而产生作用。班主任是否具有自主专业发展意识，能否实现自主专业发展，是班主任专业化的关键之一。自主性意味着班主任对自己专业发展负责，并明确意识到只有自己才是自身专业发展的真正主人。班主任专业发展包括在达到班主任任职条件、履行班主任职责、提高班主任工作效果的过程中自觉地、能动地提高专业素养和人格魅力。在这个过程中，班主任要主动规划个人专业发展目标、确定专业发展重点、选择专业发展的主攻方向，它是从班主任自身实际出发的，因此，具有明显的个性特征，它取决于履行班主任职责的责任感和对其价值的认识，这就决定了班主任专业发展不仅需要班主任积极参与富有共性的专业理论知识的学习，更需要高度重视个人的实践经验的积累和提升，使其成为属于自己的实践性理论知识。

（三）合作性

从充分体现个人价值的角度分析，处于主动实现专业发展时期的班主任，大都希望通过自身的影响力带动更多的班主任也实现专业发展，从而形成一种集体的专业力量。班主任个体专业发展到了一定的程度，往往会产生"高原现象"，这个问题的解决必须通过班主任之间的合作，以发挥群体效应。又由于班主任工作个体性的特点，班主任的研究成果基本在低水平上重复。为了避免这种现象，必须倡导班主任之间的合作、班主任与任课教师以及领导之间的合作，并通过组建队伍、形成合力，创造群体研究的学术氛围，促进班主任队伍整体专业水平的提高。

（四）智慧性

班主任工作是学校教育中极为重要的育人工作，是一门科学，也是一门艺术，这样的工作要求班主任必须成为智慧型的班主任。智慧是人的一种道德与文化的修养，是一种综合能力，是人的悟性和在特定情境中解决问题的科学性与艺术性的具体体现。班主任的智慧从知识中来，从实践中来，从经验中来，从反思中来。做智慧型的班主任是班主任专业化的理想境界，是做好班主任工作最宝贵的财富。班主任的专业化所追求的目标就是成为智慧型的班主任，以便高水平地履行班主任职责。

（五）情境性

全面提高班主任专业素养，建设专业化的班主任队伍是全面落实素质教育各项要求的需要。班主任专业素养中最基础的实践性理论知识和最关键的专业能力，以及个人化的教育观念更新，都是以学校文化为特定背景，以学校文化为土壤的。学校文化是影响班主任专业化的重要因素。形成具有学术氛围的专业情境，要求学校建立有利于班主任专业发展的制度文化、精神文化以及物质文化。学校要实施人文管理，并体现在关心班主任专业素养的提高上，与此同时，要发挥班主任作为学校文化创造者的能动性。专业道德、专业知识和专业能力是班主任专业化的重要指标，学校管理目标应是引导他们立德、立言、立业，成为学校文化的创造者和受益者。

（六）角色特殊性

在谈及班主任角色特殊性时，人们往往从以下方面加以分析。

1. 从班主任工作的范围分析

从班主任工作的范围而言，一个优秀班主任应该是一个优秀的教师。他们除了和任课教师一样要完成教学工作实现教书育人外，还要履行班主任工作职责，要对所管辖班学生的生活、学习、工作以及学生的素质和班集体的形成与发展承担重要责任，要对学生和班集体进行教育和管理，通过创造性地履行班主任工作职责，对学生素质的全面发展负责。

2. 从班主任的专业知识分析

从专业知识而言，班主任需要了解德育和班主任工作的基本理论知识和实践知识，需要掌握班级管理、学生心理健康教育和班主任工作行为学的相关理论知识，并运用于学生教育和班级建设与管理之中，形成自己的工作艺术风格。

3. 从班主任的专业能力分析

从专业能力而言，班主任要建设和管理班集体、开展班级德育工作，要组织开展丰富多彩的班集体活动，因此，其组织管理能力、研究学生和学生家庭及社会的能力、组织指导活动的能力、协调各种人际关系的能力、评价学生的能力和转化后进生的能力等相对要强。

4. 从班主任的文化修养分析

从文化修养而言，由于班主任角色的丰富性，他们需要对学生进行多方面的教育，因此其知识面比一般任课教师要广博。

5. 从班主任的业外才艺分析

从业外才艺而言，班主任应多才多艺，班主任文体、科技等业外才艺丰富性，对于形成良好的师生关系、促进学生素质的全面提高、形成班级良好的心理氛围具有重要的作用。

6. 从班主任的教育科研范围分析

从教育科研的范围而言，班主任的研究领域比一般教师要更加广泛，既应研究教学领域的问题，更要研究德育及班集体建设与管理中亟待解决的问题。

总而言之，班主任的工作是面对班集体，学生受着多方面、多系列、多因素的影响，有诸多不确定、不可预测的教育情景，这不仅说明班主任专业地位的重要，也足以说明班主任专业的复杂性、艰难性，有着远远大于其他专业的难度。

（七）发展长期性

班主任专业的复杂性和艰难性，决定其发展的长期性。班主任专业化不是在专门院校教育或培训就可以完成的，而是在上岗实习或成为班主任后，仍要不停地学习、实践、研究，继续做专业理想、专业道德的调整和提升；引领、促进专业知识、专业技能的深化和提高；随外界环境和学生变化提出的新要求，持续不断地丰富专业知识、提高专业技能，不断地超越自我。经过长时间的努力，才能从一个实习班主任发展为成熟的班主任，直至发展为资深的、专家型的班主任。班主任自主专业发展的终点不一定结束于班主任工作的停止或退休离岗之日，有的班主任退休之后仍在继续研究，直至生命画上句号。班主任专业发展的过程是在班主任学习、研究、管理的专业实践中，由少到多、由浅到深、由量到质积累而成的，这个积累往往是按阶段发展的，班主任专业适应期的知识和经验，是专业稳定期的基础；班主任成熟期的知识和经验，是未来更高发展层次的基础。各阶段之间是互相渗透、互相作用、互相制约的，是环环相扣、连续不断的。因此，这种连续和积累也是动态的，不停地寻求富有活力的生长点。

三、班主任专业发展的作用

（一）提升班主任的社会地位

不同的职业由于专业发展水平不同，其社会地位就会有较大差异。由于从业人员在掌握专业知识和技能、履行社会职责的过程中要花费更多的社会必要劳动时间，其专业群体会拥有更多的社会地位资源，如发展前途、工作条件、职业声望等。从现实情况而言，班主任社会地位提高，尽管与社会、家庭的信赖有关，但仅靠改善待遇和提高声誉是不够的。班主任只有自己行动起来，努力提高专业知识和专业能力水平，使自己从经验型班主任向研究型、专家型班主任发展，使专业成熟程度不断提高，真正成为训练有素、不可替代的角色，才能从根本上改变班主任的职业形象，提高社会地位和学术地位，使班主任工作成为令人尊敬和羡慕的职业。就班主任个体而言，要时刻面对上级主管的审视，面对学生的期待，面对教师的关注。班主任要想得心应手地做好自己的工作，树立自身的良好形象，就必须持之以恒地参与进修学习和教育科学研究，不断提高专业水平，成为专家型班主任。

（二）完善班级管理水平

班级是学校进行教育、教学工作的最基本单位，是学生个体接受各种教育影响的最集中、最丰富、最重要的社会化场所。因此，班集体建设水平的高低直接影响着学生德育是否健康发展。而良好班集体的形成需要班主任精心的组织与培养。班主任既是班集体的建设者和管理者，又是学生的严师、慈母和朋友，他们不仅要组织、实施学校的各项工作计划，而且直接影响和决定着班集体的精神面貌，乃至学生身心健康发展的趋向。正是因为班主任工作的特殊地位和作用，其专业发展才有独特的意义和性质。班级德育和班集体的建设是一项较为复杂、专业性很强的工作，它不仅需要班主任具有先进的教育理念和崇高的人格魅力，更需要豁达的教育智慧和厚实的专业基础与能力。虽然影响班级德育和班集体建设水平的因素很多，如学生自身素质、校风、师生合作等，但班主任自身的素质水平是最关键的因素。班主任只有不断地提高自身的专业水平，认真处理好教师主体和学生主体、刚性管理和柔性管理、物化环境和心理环境的关系，才能使学生的道德品质和班集体发展水平迅速提升，促进学生身心的健康成长。班主任的专业成熟度越高，学生思想素质提高的速度就越快，班集体建设的水平就越高。

（三）维护学生人格健全

班主任工作是以情育情、以心育心、以德育德的精神劳动，它更需要自身以高尚的人格魅力去影响感化学生。在实际工作中，班主任要比其他任课教师更加注重诲人不倦的工作方式和严于律己的工作态度。班主任必须在教好功课的基础上，努力强化个人的道德修养，尊重信任学生、关心热爱学生，身教与言教结合，建立民主平等的师生关系。与此同时，班主任工作又是一门艺术性很强的学问，无论是班集体的建设、主题班会的召开，还是良好氛围的营造、表扬与批评都需要艺术，学生心灵的净化与精神的健康更需要高超艺术的铸就。班主任必须充分了解每一个学生的思想脉搏和心理特点，力争做到所说的每一句话都要有根有据，有的放矢，还要注重自己的修养，控制好表情、声调，将深刻的道理蕴涵于通俗易懂的语言中，做到晓之以理、动之以情。

四、班主任专业发展的价值取向

班主任专业发展离不开价值取向的引领和推动，不同的价值取向往往从根本上影响着班主任专业发展的进程与路径。从目前班主任专业发展的实际情况而言，班主任专业发展的价值取向主要包含以下方面。

（一）理智价值取向

理智价值取向是班主任专业发展取向研究产生较早，也普遍得到大家认可的一种观点。班主任专业发展的理智取向是指，班主任职业之所以能成为专业，就在于它建立在坚实的知识技能基础之上，它主要是基于这样一个基本假设：知识技能的获得是行为变化和完善的基础条件，理论能够指导专业实践，班主任借助教育理论的掌握与应用，就能把学到的知识技能转化为良好的专业实践。提高教师专业水准的重点就是要明确教师专业的知识技能基础，这样才能使教师专业发展拥有更为坚实的理智基础条件。从班主任专业发展的理智取向而言，班主任专业发展的重点其实就是班级管理相关知识技能的获得和行为的变化，因此，只有从掌握必备的知识技能入手，才能最终完成班主任行为的积极变化和不断完善。

（二）生态价值取向

生态价值取向下班主任专业发展主要是从整体的、情境的和联结的视角出发，提倡在班主任群体合作、和谐共生的基础上，关注班主任专业发展所处的文化氛围、专业背景以及社群关系，班主任专业发展是班主任个体、班主任群体与外部环境之间互动发展的产物，应通过外部环境以及社群关系来促进班主任的专业成长。生态价值取向将班主任专业发展置于生态系统之中，在生态视角下看待班主任的专业成长，尊重和关爱班主任的自然生命，注重班主任的生命价值和意义实现，凸显班主任生命的创造性、独特性和互动性。生态价值取向致力于实现班主任在开放环境中的互利共生，从而达到班主任自我价值与社会价值的和谐统一。生态取向下班主任专业发展主要表现出以下特征。

1. 开放性价值取向

生态系统始终与外界环境进行着物质、能量以及信息的交换，并伴随外界的发展变化而不断进行更新和调整，以此来维持系统的生命与活力。因此生态系统不是静止封闭的，而是动态开放的。学校生态作为一个开放的有机统一体，总是与外界进行着互动交流。对于生态价值取向的班主任专业发展而言，班主任每时每刻都会受到外部环境的影响和制约。班主任必须以开放的心态，与系统外的环境保持密切的联系，并及时获取有价值的信息和资源，不断地修正自我和超越自我，从而促进自身专业成长。

2. 自主性价值取向

从生态学的观点出发，生态系统是一个典型的自组织系统。自组织与他组织相对，它更强调系统自身的主动性与能动性，认为系统是通过自我生长、自我发展、自我循环更新而自主建构的。生态价值取向下班主任专业发展秉承了自组织的理念，强调班主任专业发展的动力并非来自外部的规约或赋权，而是来自内部的自主和超越。班主任自觉主动地追求自身内在专业品格、专业素养的不断完善，自主地选择发展方式和学习内容，自主地对自身成长过程给予充分的关注和反思，并自主地对自身专业成长做出中肯的评价。

3. 共生性价值取向

生态系统中的各个因素之间是相互作用、相互影响的，其中一个因素的变化往往会影响另一些因素的相应变化。生态价值取向下班主任专业发展的共生性主要涉及班主任主体之间的相互关系。在共生理念引导下，班主任之间沟通协作，共享知识经验，激发合作动机，孕育共同发展愿景，取长补短，不断完善自身的专业知识、技能和经验，从而更好地实现自身的专业成长。

（三）生命价值取向

生命价值取向是从生命的高度用动态生成的观点来看待课堂教学，包含着多重丰富的含义，其中最重要的就是课堂教学应被看作是师生人生中一段重要的生命经历，是他们生命的有意义的构成部分。对于学生而言，课堂教学是其学校生活的最基本构成部分，它的质量直接影响学生当前及今后的多方面发展和成长；对于教师而言，课堂教学是其职业生活的最基本的构成部分，它的质量则直接影响教师对职业的感受、态度和专业水平的发展以及生命价值的体现，这种对教师生命的关注，更加注重教师在职业生涯中个体生命的意义，重视教师在教育教学过程中生命本质和高级需要的满足，从而把教师真正看成是情感丰富、蕴含着巨大生命活力和个性魅力的人。

生命价值取向的班主任专业发展就是以尊重和关爱班主任的自然生命为基础，以实现班主任的生命价值和意义，彰显班主任生命的创造性、独特性和自由性为最终目的，它致力于将班主任从现实中的各种桎梏中解放出来，把自己的整个生命都融入班级管理之中，把班级管理当作实现自己生命意义的历程，在班级管理中付出、体验与收获。基于生命价值取向的班主任能够真正用自己的生命来诠释班级管理活动，用自己整个的心灵经营班级管理活动，用独特而有品质的个性魅力来实践班级管理活动，在所钟爱的班级管理工作中实现自身的生命价值，并最终收获生命的幸福感和成就感。

（四）实践反思价值取向

班主任专业发展的实践反思价值取向是指班主任专业发展的根本目的并不在于外在的技术性知识的获取，而在于通过一定形式使班主任对自身及其专业活动直接相关的事物有更深入的理解，发现其中的重要意义，从而促成班主任的反思性实践。班主任专业发展的实践反思价值取向强调班主任专业水平的提高主要依赖于班主任个人或合作的探究与发现；特别重视对实践的关注，强调实践本身所包含的丰富内涵，关心班主任的实际水平，并在这个基础上提出班主任的专业成长的设想。

（五）自主更新价值取向

自主更新是教师具有较强的自我专业发展意识和动力，自觉承担专业发展的主要责任，激励自我更新，通过自我反思、自我专业结构剖析、自我专业发展计划与设计的拟定、自我专业发展计划实施和自我专业发展方向调控等实现自我专业发展和自我更新的目的。自主更新价值取向的班主任专业发展具有三种意义：第一，它是以自主专业发展意识为标准考察班主任专业发展过程的一种分析和研究框架，它以自主专业发展意识的发展为基本线索，把班主任内在专业结构更新与改进的规律性作为考察的核心；第二，自主更新价值取向的班主任专业发展可以看作是班主任自我专业成长意识的逐渐现实化过程，自主更新价值取向的班主任具有较强的自我专业成长意识，随时保持对自身专业成长的关注，在将专业成长理论与自身成长现状相结合之后，依照自己过去的专业成长轨迹和目前实际提出今后的发展规划，并随后将其投入实施；第三，自主更新取向的班主任专业发展还可作为一种班主任专业发展新的取向和理念，自主更新价值取向的班主任专业发展主要是从自我专业成长意识所关注的重点与所达到的水平两方面展开研究的，它把班主任专业发展阶段划分为非关注、虚拟关注、生存关注、任务关注和自主更新关注等阶段。

总而言之，班主任专业发展的基本循环是其发展的一般过程，通过将外在各种影响因素与班主任内在结构从矛盾走向调整和更新，从而形成班主任专业发展的一种内在动力机制。

五、班主任专业发展的主要动力

客观外界一切动植物的成长，都有深层的动力支撑和驱动，如果没有这个动力，动植物也就不可能更好地成长。班主任专业发展与动植物的成长一样，也离不开各种动力支持。可以毫不夸张地说，班主任专业发展动力是一切促进班主任专业顺利成长的各种力量的合成，是班主任专业发展的积极势头及其应对班级管理实践活动的专业智慧和潜能。有学者研究指出，教师专业发展动力主要是由生发层、操作层和实践层三个不同层面构成的，而成长驱动力、成长操作力和成长聚合力则是教师专业发展动力的具体表现，班主任专业发展的动力也可以从这一视角和维度加以剖析。

（一）班主任专业发展的驱动力

动植物的成长依赖于成长动力的产生和持续供给，同样地，班主任的专业发展也离不开成长驱动力的激发与支持。具体而言，班主任专业发展的驱动力主要包括以下方面。

1. 本能性驱动力

本能性驱动力是班主任一旦投身班级管理工作就会自然产生出来的，它源自班主任在班级管理实践活动中实现自身职业生存的本能要求，它一般不需任何外部力量的介入就可以自发而成。作为一种本能，成长是个体适应客观外部环境的深层需求和生命需要，是发展的基础与开端。班主任专业成长的最根本目的就是确保自己在班级管理专业领域中的生存，因而成长本能驱动力是贯穿于班主任专业发展历程的一种最原始的推动力量。

2. 情境性驱动力

在具体的班级管理实践活动中，班主任的专业发展深深根植于鲜活多样的班级管理情境之中，班主任不能顺利应对的班级管理情境就会演变为一种实践难题和认识困境，班主任应努力寻求出路，加以解决。学生强烈的求知渴望与动机以及对自身成长的深深期待，每时每刻都会触动班主任专业发展的积极性，这必然也会促发班主任专业发展的动机和需要。

3. 发展性驱动力

发展性驱动力是班主任在自身专业范围内的各种活动与竞争中所产生的一种通过自觉、主动和进取的实践行动，以及由此产生的超越他人并在专业范围内达到胜利、获得职业声望的成长需要。班主任专业发展的发展性驱动力的形成一般都源自班主任个体的专业愿景、专业精神、专业情感和专业理想，这些都是班主任专业发展的创造性张力和深层内驱力。与本能性驱动力不同，班主任专业发展的发展性驱动力引领着班主任专业发展的正确方向，激发着班主任专业发展的理想信念，支撑着班主任对自身专业境界的提升和专业自我的实现，它是班主任专业发展的核心动力源泉。

（二）班主任专业发展的操作力

在班级管理实践活动中，有时班主任虽然具备了专业发展驱动力，但并不一定能直接促发班主任的专业发展，这种动力还只是一种可能服务于班主任专业发展的潜在力量，只有当它真正转化成可以直接参与班主任班级管理生活建构和改进的操作力、实践力和执行力时，它才能真正成为促使班主任专业发展的现实力量。在班主任专业发展中，一切有助于改变班级管理实践效能的班主任专业发展因素都可能与专业驱动力结合在一起，形成班主任专业发展的操作力。班主任的认识与实践、人格与习惯等都有可能成为这种力量结合的对象。在与教育认识的结合中，班主任的专业发展操作力体现为知识学习能力；在与教育精神的结合中，班主任的专业发展操作力体现为精神追求力；在与教育习惯的结合中，班主任的专业发展操作力体现为习惯自塑能力；在与班主任人格的结合中，班主任的专业发展操作力体现为人格魅力；在与教育实践的结合中，班主任的专业发展操作力体现为实践创造能力等。显然，教育精神净化、教育人格修炼、教育知识拓展、教育实践创造、教育习惯塑造等，都是将班主任专业发展策动力转化成一般专业发展力的操作性渠道。

班主任专业发展力类型更主要地服务于班主任的一般性专业实践，而非特殊和具体的教育教学实践，它们是从班级管理活动的一般结构中延伸出来的，是绝大多数班级管理实践活动都会涉及的成长力量。一旦班主任拥有了这些专业发展力，他们对一切外来班级管理实践类型的整体水平就会得以大幅提升。班主任一般专业发展力也可称为通用性成长力，它是班主任职前专业教育活动的主要对象与任务。一旦与具体的教育教学实践相结合，班主任就可能在较短的时间内达到较高的专业发展水平。班主任专业发展力虽然在专业教育教学实践中的存在与运用具有不可拆解性，其专业发展水平取决于多种成长力的合力，但这类专业发展力从理论上而言，完全可以由具体教育教学实践中"抽取"出来，并对之进行单项发展与专门训练的。对于班主任而言，由于其专业学习、人格养成以及习惯塑造等专业发展活动，大都可以在真实教育教学实践活动之外进行，因而参加职前专业教育就能不断提升班主任的这种一般专业发展力。对于特定教育主体、教育情境或教育活动而言，班主任往往需要一种个性化的专业发展力组合方式，以此形成对该教育主体、教育活动或教育情境卓有成效的专业发展力结构。

（三）班主任专业发展的聚合力

班主任专业发展聚合力是班主任在解决特定教育教学问题时所展现的对一般专业发展力的驾驭、匹配与综合运用能力。如果一般专业发展力只为班主任解决具体教育教学问题提供了各种蓄势待发的力量储备，特殊专业发展力则可以使班主任围绕教育教学问题的解决，把成长力激活、配置、组装与合成，使之协调一致，共同促成对各种教育教学实际问题的有效解决。班主任在面对教育教学实践情境时，需要具备对多种多样专业发展操作力的选配、组装与匹配能力，这就是班主任专业发展聚合力。教育教学问题只存在于教育教学情境之中，教育教学问题是教育教学情境的焦点与核心，是教育教学情境与班主任发生紧密联系的纽带与桥梁。班主任专业发展的最终目的是形成对教育教学情境的适应力、应变力与干预力，增进班主任的专业问题分析与解决的能力，这也是所有班主任专业发展力的根本目标与最终指归。

从某种意义上而言，班主任专业发展聚合力是面向教育教学问题解决、教育教学情境处理而聚合自身专业智慧、汇集各方力量的一种专业发展动力。在对一般性专业发展力的聚合中，各种专业发展操作力在班主任身上实现了优化配置，因此，班主任也就具备了适应和应对各种教育教学问题与教育教学情境的能力，并由此形成了各具特色的优势专业能力，班主任的个性风格也会随之得以形成和不断彰显。

班主任专业发展力是班主任在教育教学生活中实现持续化生存和发展的根本依托，是班主任的潜在能量、学习能力、人格魅力、知识优势、创造品性以及智慧机智等在教育教学活动中的集中呈现。作为影响和改变班主任专业存在状态的重要因素，班主任专业发展动力也就是促成班主任专业发展的所有力量的组合。班主任专业发展潜隐于班主任的身心发展过程之中，显现于班主任的具体教育教学实践活动之中，成功于班主任对教育教学环境的积极适应与灵活驾驭之时。班主任专业发展的方向和目标是不断走向专业成熟，班主任专业发展动力就是实现班主任专业成熟的一种重要推动力量，是成长能力、成长活力、成长实力以及成长潜力的最完美结合，这种力量不仅包括触发班主任成长的原动力与策动力，而且也包括能够提高班主任应对一般教育教学问题的准备性力量，还包括班主任面对具体教育教学问题整合专业发展操作力的聚合力。

总而言之，班主任专业发展动力的形成从本质上而言，其实也就是由班主任专业发展的生发层逐步迈向操作层，再由操作层不断走向实践层的运动变化过程，这一变化过程也是班主任由不成熟走向成熟的过程，是班主任专业发展境界不断提升的过程。

第三节　新手班主任的自我成长路径

从班主任自我成长的实际情况而言，其路径主要有两条：①外推式自我成长，即通过理论学习、专题培训、专家引领、校本教研等，推动班主任的专业发展；②内驱式自我成长，即通过班主任自己的实践反思、自我规划、自我管理、自主更新等，实现班主任的自我成长，这两条路径相互渗透、相互影响、相互促进，共同作用于班主任的自我成长。

一、班主任的外推式自我成长

（一）落实班主任职业资格制度

职业资格制度是国家对各行各业从业人员规定的岗位职业准入制度。对于专业技术人员而言，仅经过在校学习取得学历而没有职业资格是不允许独立从事专业工作的。目前，我国已经全面实施教师资格认定制度，班主任岗位是具有较高素质和人格要求的重要专业性岗位，要使班主任工作成为令人羡慕、有吸引力的岗位，也应该逐步建立和实施职业资格制度，规定班主任的任职要求和获得此工作岗位的基本条件，这是实现班主任专业发展的一项基础性工作，是班主任培养、培训、任用和管理制度的基本依据，也是使班级管理成为一个独立的专业领域的重要根据。目前，各地也就此制定了一些原则性要求，如班主任资格基准、基本职责等，全国应该制定一个统一而规范的班主任岗位标准和要求，其内容应在教师职业标准的基础上增加责任感、事业心、心理沟通能力、人际交往能力、组织管理能力等要求。

（二）加强班主任的业务培训

班主任的培训教育必须与基础教育改革相适应，学校应该而且也必须成为班主任培训教育的重要基地。在校本培训中，要坚持以班主任群体发展和个性发展为本的理念，从培训内容、形式、途径和方法等各个方面体现从班主任的工作实际和需要出发，体现班主任的个性化和专业发展需要，实现班主任发展的共性与个性的统一。班主任既是具有自主选择、自我学习、自我教育能力的培训主体，又是培训活动设计、决策、组织、行动和对结果负责的主体。要注意发挥班主任在培训过程中的主体作用，强化他们的进取行为、引导他们自我实现。学校若想培养更好的教师，就必须将模范学校作为实践的场所；学校若想变为模范学校，就必须不断地从学校接受新的思想和新的知识；若想使学校找到通向模范学校的道路，并使这些学校保持其高质量，学校和培训机构就必须建立一种共生的关系，并结为平等的伙伴。

（三）提高班主任的相应待遇

实现班主任的自我成长，提高班级德育工作的有效性，必须坚持"严进、宽出"的原则。"严进"，就是严格把握班主任入口关，慎重决定班主任的人选，依据工作实绩和个人意愿，把责任心强、业务能力好、具有上进心、热心于班主任工作的、具有合格学历的中青年教师推上班主任的工作岗位，大胆起用他们、相信他们；"宽出"，就是将班主任工作经历作为教师晋级、提干、评优、提高福利待遇的前提条件。因此，学校要注重提升班主任的地位和待遇，各项政策的制定要向广大班主任倾斜，让他们愿意做班主任，乐于做班主任，甘于做好班主任，使班主任队伍的整体素质不断得以优化和提升，这不仅是对他们工作实效的肯定，更是对他们人格的尊重，也是实现班主任专业发展的必由之路。

（四）构建科学的班主任考核与评价

班主任工作有别于教学和科研，其效果不仅取决于自身的工作，而且还受生源素质、任课教师的教学风格、校内外环境等多种因素的影响，不能用固定的指标对班主任工作进行评价。因此，评价主要是从班主任自我要求与学校发展要求出发，对班主任自觉、自主参与学习培训的投入态度、程度、过程表现、效果等方面的基本评价，目的是为后续学习培训增强动力、调整方向，促进班主任的终身学习与发展。评价可以由自我评价、同伴反应和学校评价三方面组成，以自我评价为主。自我评价主要通过班主任自我陈述、自我反思进行。可以是书面的，也可以在小组中口头交流。同伴反应评价，主要的不是给出评价结论，而是在集体中形成一种学习、进取的氛围，形成一种外在的"压力"。学校评价，主要是对班主任常规参与的评定与激励措施的落实。总而言之，对班主任工作进行有效的评价，有助于班主任专业发展。

（五）树立并秉持人本管理理念

学校管理者应树立人本管理观，人本化管理在彰显人性、尊重人格、赋予权力的前提下，给班主任的专业发展提供了条件和机会，点燃了班主任创新的热情与愿望。因而，学校管理者应树立重视班主任、尊重班主任、团结班主任和依靠班主任的以人为本的管理思想，在管理中要承认班主任在道德水准、学业水平、心理素质、工作能力乃至个性爱好等方面的差异，尊重班主任的个性，尊重班主任的人格，而且要身体力行，理解班主任的思想情感，欣赏班主任的进步，让每一位班主任拥有心理安全感，从而为班主任的专业发展搭建起良好的心理平台。与此同时，学校管理者要确立班主任专业发展观，转变学校管理观念，加强学校管理者对班主任专业发展重要性的认识，是有效推进班主任专业发展的基础。

（六）完善班主任自我成长的环境

班主任专业发展需要一个过程，需要有良好的内部条件和外部条件。如何改善班主任专业发展的外在和内在的保障机制，已经成为一个亟须解决的问题。

1. 外在保障条件

外在保障条件是外在于班主任主体又对专业发展产生重大影响的外部环境，它直接影响班主任专业发展程度。班主任专业发展的外在保障条件主要有：①营造自由、民主的发展氛围；②要加强教育法规建设，进一步完善班主任专业发展保障的法律体系，依法维权，依法管理，保障班主任专业发展的权利不受侵犯；③采取有针对性的管理策略，增强专业支持意识，淡化行政指令意识，让班主任专业发展有广阔的发展空间。内在保障条件是班主任自身的态度、情意、知识、能力等个人素质，对专业发展产生直接影响的内部环境。

2. 内在保障条件

内在保障条件主要体现在：①树立清醒的专业发展意识，不仅要对班主任专业发展及其价值意义有深刻的理解，而且还要有不断追求更专业、更完善、更合理的专业行为；②提升执行班主任专业发展的能力，在具备合格教师一般能力的基础上，形成有利于班主任专业发展的能力。

总而言之，外在保障条件只能为班主任专业发展的实现提供可能和基础，而班主任自身的专业素质则是更为关键的因素，它直接关系到外在条件提供的可能性能否转化为现实性。

二、班主任内驱式自我成长

内驱式自我成长即自主发展，它是班主任专业发展的根本动因。班主任自我成长的核心是其自身的自主性，是班主任在自主发展上的自觉性和能动性，包括学习的自主、实践的自动、科研的自行、反思的自觉等。

（一）班主任内驱式自我成长的特性

1. 主动性

这是班主任自主发展的本质特征，这种自主发展的愿望和要求，是班主任自主发展的内驱力。社会需要培养合格的人才，吻合了班主任自己的职业愿望和专业理想。决心做一个育人卓有成效的班主任，是其对人生价值的追求。由此，就形成了一个巨大的内驱力，从而自觉、主动地努力奋斗，按班主任的专业要求，自我设计、自我导向、自我驱动、自我监控，在专业发展道路上不断前进，它是以百倍的自信，审视和填补自己的不足，不断地追求完美、追求超越。

2. 目的性

班主任自主专业发展的目的，就是成为一名真正的专业工作者，实现专业素养的不断提高，做社会满意、学生满意的班主任，这是教育发展的指向，也是发展的动力。要达到此目的，实现班主任的各项专业要求，就要有深厚、广泛的专业知识和高超、娴熟的专业技能，能在错综复杂的教育情境中，面对新时代各种个性特点的学生，以科学的教育行为，保持最佳的班级管理效果。班主任还要具备较高的人格素养，在班级管理实践中，为吻合学生的"向师性"保持班主任的示范性；要热爱学生、理解学生，与学生真诚相处，给学生以积极的期望。

3. 持续性

班主任专业发展是经久不息的、持续不断的，以至终身的，这里要有充分的艰苦奋斗准备，以良好的意志品质迎接各种困难，排除各种干扰，在既定的发展道路上，表现出坚忍不拔、一往无前的顽强品质。当然，持续发展又是按阶段渐进的。专业发展是遵循知行规律的一种积累，无论是学习、实践，还是反思、感悟，都是一点一滴、分阶段完成的。渐进是遵循规律，但又是能动的。班主任在自主发展的过程中，要不断提出新课题，探究新的未知；不在乎一时一事的失败，而是专注于自己长远的发展目标，扎扎实实地积累和升华。

（二）班主任内驱式自我成长的策略

1. 自主学习

自主学习是班主任主体精神的重要表现形式，强调班主任在学习过程中的积极性和主动性。班主任具有根据自己实际需要自主确定学习目标、灵活选择学习内容、随时发现学习问题、自觉进行学习反思并亲自得出学习结论的一种学习范式。班主任自主发展的关键在于其学习上的自主性，表现为学习上的自觉和主动，这是成为优秀班主任不可缺少的品质。优秀班主任一般都具有积极主动的进取精神、勤于学习的良好品质、善于思考的学习风格、努力钻研的探究品性和不断总结的思维习惯，他们把学习作为一种习惯，把自主作为一种素养，把育人作为工作的目标，处处彰显自身的个性魅力，诠释着自主学习在班主任专业发展过程中的真正价值。

自主学习是班主任内驱式自我成长的有效方法，班主任要成为管理育人、教书育人和服务育人的能手，必须尽可能地自主充实和丰富自己的学习内容，更新自身的角色内涵，使班主任在提升学生生命质量的同时享受教育。班主任要把理论知识和实践知识作为自己选择学习的对象，理论知识包括扎实的专业基础知识、系统的学生身心发展知识、深刻的教育心理知识、实用的学生教育管理知识以及较为全面的社会综合知识；实践知识包括广泛的社会人生阅历、因材施教的教学方法、课堂教学的有效组织以及师生关系的有序建构。班主任的自主学习应以完善知识结构为目标，以扎实理论基础为纲要，以更新知识理念为根本，以专业能力发展为指归，学习的内容上不能仅凭个人喜好，而应注重取法于文化经典，不仅要注重文化知识传承，更要注重文化知识创新，把优秀经典文化、民族传统文化、社会现实文化和学校特色文化作为自身专业成长的基石，不断巩固加强，在专业自主学习过程中强调持之以恒和日积月累，使所有的知识学习都为班主任的专业化发展奠定基础。

　　班主任的自主学习并非简单易行和随性而为，而是一项需要修炼内功的活动，在学习中需要自主精神的参与，把班主任成长依赖外在的方式方法变更为加强班主任自主学习的能力建设，创设有利于班主任自主学习的制度和氛围，提升班主任自主学习的能力和水平，让班主任想学则有所依、想成则有所靠，为班主任从新手迅速转变为专家能手提供充足的条件保障。此外，班主任工作的复杂性、创造性和动态性决定了班主任应把自身的发展当成自我认识的对象和自觉实践的对象，在理论和实践之中认识自我，在理想和现实之间找出差别，在文化与历史之间建立衔接，在学习与应用之间活学活用，创新自主学习的模式，奠定自主学习的基础，探寻自主学习的平台，实现班主任专业上的自我引导式发展，真正使自主学习成为班主任自主发展的有力基石。

　　2. 自主科研

　　自主科研强调班主任科研活动的自愿、自主和能动，是一项主动探究事物的新情况、发现事物的新问题和总结事物的新规律的社会活动，对班主任成长的作用和价值显而易见。相比依靠传承、接受和模仿所获得的知识经验而言，自行科研所获得的理性认识具有与实践联系紧密、对问题认识深刻和个人容易理解掌握等特点，对于班主任提高认识能力、分析特殊情况、解决实际问题、实现自我发展具有重要的意义与价值。班主任的自行科研活动是理论和实践的最佳组合，是实现理论知识转化为自己的理念和行为的有效途径，是班主任自主发展不可缺少的重要渠道。

　　要促进班主任的内驱式自我成长，关键是要组织开展好班主任的自主科研活动。班主任的自主科研是以班主任为主体，以教育科学理论为指导，立足班级管理实践，开展具有班主任个性化的班级管理研究活动。班主任自主科研是一项实践性、理论性和探索性兼有的自主活动，班主任把自己在理论学习中遇到的思想观念付诸实践，把自己在实践工作中总结的经验上升到理论高度，抑或把那些充满时代气息的有价值的问题升级为科研课题。班主任在自主科研中以自己的班级为载体，以教育科学理念为指导，以课程教学和班级管理为手段，充分发挥学校育人的各种资源优势，聚焦学生的发展，研究班级管理中方方面面的问题，这不仅有利于班级活动的开展，而且对班主任的素质养成也具有重要的推动作用。班主任自主科研不仅关注教育科学理论，而且还重视教育改革前沿，不仅要求班主任在学习中要大胆设想，而且在实践中还要小心求证，这有利于理论与实践的有效结合，是促进班主任自主发展的动力源泉。

3. 主动实践

实践不仅是检验真理的唯一标准，而且也是班主任获取知识真理、实现内驱式自我成长的重要渠道。班主任的自动实践是由班主任的职业属性决定的，我国班主任是普通教师角色，具有教师特点属性，他们是学校的首席教师，是班级的总负责人，承受着繁重的教学任务、复杂的交际任务、沉重的管理任务。因此，自动实践对他们而言就是一种具有育人性质的客观行为。

分析班主任的主动实践行为可知，它实际上是一种主观见之于客观的复杂活动。一方面，班主任实践行为的对象具有主观能动性，心理发展呈现可观察和测量的规律性，不同学生的发展具有差异性，学生未来的发展还具有不确定性；另一方面，班主任实践行为的手段、工具和方法具有不同的排列组合。因此，班主任实践行为的对象、手段、工具和方法的多样性决定了班主任工作的复杂性。作为实践行为的主体，班主任只有根据不同的社会情景、工作对象和环境条件，自动地确定自己的工作方法和管理行为，灵活机动地调整自己的育人策略和服务模式，在自动中适应变化，在变化中寻找突破，在突破中实现自我发展。

班主任是自动实践的主体，自动实践是班主任的职责所在。一名真正优秀的班主任需要根据校园文化和学生特点，充分发挥自己的特点和优势，扩充学校育人的各种课程资源，开展创新性的班级学习活动，使管理育人、服务育人和教书育人都具有科研的属性，体现科研的价值，走出一条具有自身特色的科研之路，依靠实践进行科研，在科研中实现自我发展，形成一种自动实践、科学研究和自主发展"三位一体"的班主任成长模式。

班主任的自动实践是一项有计划、有组织和有目标的活动，班主任自动实践的效果是衡量班主任成长的重要指标，班主任自动实践的内容是衡量班主任成长的水平尺度，班主任自动实践的交流情况决定了班主任的发展视域。班主任只有在工作实践中不断学习，才能逐步完成对自身素质的塑造和突破，使其各方面的素质不足得到弥补。班主任的自动实践，发于自然，出于自觉，见于无形，他不仅是一个善于思考的人，而且还是一个善于观察的人，学生的每一个行为和说过的每一句话，可能都会引起他的好奇心和探究欲望。正是通过诸多的自动实践活动，从而构建起班主任向实践学习、向社会学习和向生活学习的桥梁和纽带，成为专业自主发展的必要保障。

4. 自觉反思

自觉反思是班主任以促进学生全面发展为目的，以自身的班级管理和育人理念为省思对象，自觉主动地端正自己教书育人的思想，增强班级管理活动的智慧，从而实现自我专业发展的一种心理活动。班主任的反思具有意念的自觉性、实践的联动性、过程的持续性和内容的丰富性等特点；从根本上而言，班主任的反思一定要与班主任的成长过程密切结合并相伴相随，二者之间存在内在的一致性，是内容与形式的统一。班主任工作对象的多样性和工作手段的复杂性，决定了班主任反思内容的丰富性，既有实践的反思，也有理念的反思，还有理念与实践相结合的反思。实践的反思是班主任反思的重要内容，理念反思是班主任反思的落脚点和出发点，理念与实践相结合的反思是班主任反思的深入开展，因为对班主任个人而言，任何的自觉实践和外在行为都是相应教育理念的反映，所谓有何种理念，就有何种行为，也必然会有何种反思。

班主任的自觉反思指向班级管理工作，统归班级育人行为，从表面上看这是技术问题，从根本上而言，则是隐藏在技术背后的思想观念和价值取向，这才是班主任反思的核心所在。班主任的反思是自觉的，其自觉性起源于班主任实践行为的自动性。班主任在实践中主动探索班级管理的有效方式和操作技术，也必然会反思实践行为背后的思想理念。班主任的自觉反思只有在实践和理念两个层面同时进行，其反思才能深刻，其作用才能得以凸显。班主任自觉反思的广度和深度，往往从根本上决定了班主任专业发展的程度和水平，也将在一定层次上影响班主任的专业化效果。

从班主任专业发展的角度而言，班主任是一个学习者，向班级管理实践学习，向书本理论知识学习，向社会同伴群体学习，是实现自主发展的前提和基础。优秀的班主任以学习作为习惯，把实践作为智慧提升的保障，再把知识和经验内化为自身的素质，并外化于客观的实践行为，用反思整合理论的实践过程，无论是对理论前沿的最新思考，还是对实践情景的最新说法，班主任应想到理论的实践价值和实践的理论效果，在理论和实践的相互转化过程中提高素养，在自觉反思过程中实现自主发展。班主任要学会自觉反思，对自身的班级管理和学生的思想行为特点进行深入的分析总结，从自身的视角、学生的视角、同伴群体的视角和家长的视角对班级管理的效果进行全面的解析，通过案例分析、读书笔记、班级管理日记和教育叙事等方式，与专家、学者和同事对话，丰富和扩展自己的知识体系，实现自我专业素养的升华，促进自身的专业发展和专业成长。

"新手班主任应完善和丰富自己的人格素养及知识内涵，多学习一些有关班主任的理论和经验，同时更应注意观察并虚心向身边的老教师和其他有经验的班主任学习，借鉴而不照搬照抄他人的经验和做法，谦虚而不自卑，自信而不自傲，取人之长，补己之短，这样会有利于克服自己的工作障碍，加快自己的成长进程。"[1]

---

① 方林仙等：《刍议青年班主任成长障碍及应对策略》，载《时代教育（教育教学）》2010年第7期，第210页。

第二章 新手班主任班级管理

第一节 班级管理的基本方法

班级管理的价值基础一方面要探讨班级管理对于个人和社会所具有的教育价值和意义；另一方面也要在承认班级管理对于国家和社会、学生个体成长和发展具有教育价值的基础上，探讨班级管理应该坚持的社会基本价值取向和个人价值取向。班主任班级管理工作有章可循，需要班主任在日常的班级管理工作中积累经验，不断总结和反思，创造良好的班级管理氛围，促进班级成员的全面发展。

一、班级管理的制度管理法

制度管理法是班级管理者通过制定规章制度，并运用规章制度管理班级的方式。"班级管理者要达到设定的班级管理目标，并最终实现学校的教育目标，就必须对学生的某些行为进行引导和约束，以规范学生的行为；同时，提出一些制度性措施，以提高学生的综合素质。"① 建立健全科学的、行之有效的规章制度，并贯彻这些规章制度，能够保证班级工作有秩序、有成效地进行。

班级管理者所运用的规章制度可分为三个层次：①国家教育行政部门制定的各种制度，如学生守则、学生道德规范、学生成绩考查和升留级制度、学生考勤制度、奖惩制度等；②依据上述制度制定的校内规则，如课堂规则、请假规则、阅览室规则、图书馆规则、实验室规则、生活作息制度、卫生扫除和卫生检查制度、公务管理和借用制度等；③班级组织制定的各种管理制度。

---

① 王守恒等：《班主任班级管理实务》，安徽师范大学出版社 2013 年版，第 43 页。

（一）制度管理法的作用

制度管理对于完成教育教学任务有重大作用，它能够保证班级工作有成效地进行，使学生的行为规范化，提高班级工作的效率。班级制度化管理能在一定程度上提高班内学生的学习成绩，班级制度化管理能够利用其对学生的强力约束，高效管理服务于教学工作，从而促进学生的学业发展。

深入贯彻执行各项规章制度对于培养学生的正确思想、观点，进行自觉纪律教育，形成良好道德风尚，培养良好行为习惯，树立良好班风都有重要作用。班级制度化管理能促进良好学风、班风的形成。从实践角度看，严格实施制度化管理的班级，都能形成井然有序的课堂秩序以及良好的学风、校风。不断制定并实施具有班级特色的措施性制度，有助于提高学生的综合素质。实行班级制度化管理，在经过一定时间的养成教育后，绝大部分学生都能具备遵规守纪、服从管理的习惯，互勉共进、不断进取的集体主义思想。

（二）制定班级管理制度的注意事项

实行班级制度管理的关键，是制定好规章制度。要制定好规章制度，就要坚持做好以下方面。

第一，制定合理的规章制度。班级制定的规章制度要符合教育方针和学校培养目标的要求。班级规章制度还要从班级实际需要、学生年龄特征和实际水平出发，要能使学生的学习、劳动、休息、文化体育活动、社会政治活动等都得到妥善安排，做到既有严格要求，又要切实可行。

第二，明确各种规章制度。制定的各种规章制度内容要明确、具体，文字要简明、扼要、准确，使学生便于掌握和记忆，利于贯彻执行。规章制度不能冗长烦琐、含糊不清，否则，学生无法理解和执行。各种制度之间不能互相矛盾，否则，不能规范学生的行为，就会失去教育意义。

第三，班级充分讨论规章制度。制定的规章制度要经过班级管理者和学生的充分讨论，这样既可以保证规章制度的合理性，使规章制度切实可行，又可以通过讨论把规章制度的确立过程变成教育过程，使学生明白制度规则的目的、内容和要求，提高学生执行制度的自觉性。

二、班级管理的量化管理法

（一）量化管理法的内容

量化管理法是把学生的日常行为要求、班规班约、学习成绩、思想品质等转化为具体的量值，使学生的各项表现都尽可能地通过具体的数量值来体现并进行考核、评定，再在量化考核的基础上，进行分类管理、因材施教、分类推进，从而使全班学生共同进步，达到提高学生整体素质的目的。实行量化管理的目的是通过学生的自我管理，使学生由被动受约束向主动自觉转化，能促使班级的管理工作科学化、制度化、标准化，从而把班级的管理工作提高到一个较高的水平，同时提高学生的素质，以适应素质教育的要求。

量化管理法使学生明确了自己在班级中所居层次，从而学有榜样、赶有目标，促使整个班级成为刻苦学习、积极向上的先进群体，使学生在德、智、体、美诸方面得到全面进步，从而达到提高学生整体素质的目的。

（二）量化管理的措施

1. 组织纪律的量化管理

班级是学校的基础组织，是学校进行教育教学工作的基本单位，那么，班级的良好的组织纪律将是顺利完成教育教学任务的一个重要保证。班级是一个小小的社会，每个班级都有各自独特的秩序、独特的文化和独特的管理方法，可以通过班级公约之类的班规对学生的组织纪律进行量化管理。

（1）为了便于管理，经同学讨论，制定出课堂、课间自习等方面的组织纪律量化考核标准，使学生的在校行为有一个评价的准则。

（2）针对上述的考核标准，制定每一项考核的奖惩分数，以便具体管理，如上学迟到者扣 1 分，课堂、自习时间闲聊者扣 2 分，课间在教室及走廊内大声喧哗、玩耍者每人次扣 1 分，做操动作不规范者扣 1 分等，从而使班级的组织纪律的管理工作有一个考核的量化标准。

（3）值日班长按照考核细则，及时制止违纪现象，并做好记录，填写班务日记。考核小组检查、核实记录情况，以使考核工作公正地进行，以防弄虚作假、徇私舞弊现象的发生。

2. 德育工作的量化管理

德育工作是关系到能否把学生培养成有理想、有道德、有文化、有纪律的新一代。在以往的德育中，虽然方法很多，效果也不错，但直观性、可操作性差。文明礼貌教育是德育最基本的内容之一，实施"文明礼貌行为"的量化管理，是增强德育工作可操作性的突破口。

（1）将《学生文明礼貌要求细则》随班级手册一起印发给每一个学生，让他们知道在学校、家庭以及社会中应做到的行为、语言规范。同时可以模拟环境对学生进行规范训练，使其言行有所参照和依据。

（2）通过与学校、家长、街道的联系，经全体学生讨论，制定出各项考核内容的奖惩细则，即考核的量化标准——加减分标准。

（3）值日班长每天对每个同学的在校行为进行考核、记录，考核小组通过与家长联系对每个同学的家庭行为每周进行一次考核，通过与街道联系对其社会行为每月进行一次考核。

3. 学习过程的量化管理

学习科学文化知识是在校学生的根本任务之一。全面素质教育要求学生在学习过程中逐步锻炼自己的自学能力、独立思考能力、语言表达能力、写作能力、思维能力、记忆能力、创造能力等，这些能力的高低如何反映出来，反映出来后又如何评价是一个较难掌握的问题。通过学习的量化管理，对一个学生上述能力的评价就有一个系统的考核。

（1）确定学习质量的标准体系。学生各种能力的高低，通过学生在课堂的表现、作业完成情况、考试分数都可以反映出来，这些方面质量标准体系的确定，是由任课教师根据不同学科特点而制定完成的。

（2）确定考核的量化体系。任课教师根据所确定的各科的质量标准，再制定出本科的考核量化标准，然后，班主任将各科汇总、平衡，从而制定出学习方面的量化体系。

（3）确定量化考核的操作体系。此项目的操作是由任课教师、考核小组共同完成的。任课教师每堂课、每次作业批改，都要认真做好考核记录。考核小组对任课教师的考核记录一周汇总一次。

4. 劳动卫生的量化管理

劳动意识的培养、劳动技能的掌握是素质教育中能力培养的一个重要组成部分。而现在的学生出于种种原因，劳动能力普遍较差，班级的值日生工作将是培养学生劳动意识，提高劳动技能的重要途径之一。通过对值日生工作的量化管理，可能从一个侧面定量地反映出学生劳动意识的强弱、劳动能力的高低，使他们对自己的劳动能力在班级中所处的位置有一个较清楚的认识。

（1）制定《值日生工作职责》，将值日分担区所要求达到的卫生标准确定下来，将责任具体到人，使值日工作事事有人做、人人有事做。

（2）全体同学讨论、确定各责任区的劳动强度，并根据各责任区的劳动强度不同，制定各责任区的考核的量化值。

（3）值日班长进行卫生检查，对出了问题的责任区，先责令该责任区的负责人按卫生标准重新工作，然后按事先制定的劳动卫生考核标准加减此项目分数，并记入班务日记。

5. 特长发展的量化管理

素质教育强调以人为本，最大限度地鼓舞和支持学生充分自由、自主、丰富多彩、生动活泼地发展。可以通过以下步骤搞好特长发展的教育工作。

（1）鼓励学生在全面发展的基础上充分发挥其个性特长，找出自己的兴趣点，以前没有明显兴趣点的要逐步培养、发现。

（2）通过讲座、训练等手段，使学生的个性特长上档次、上水平，以适应社会发展的需要。

（3）给学生创造个性特长得到表现、承认的机会，鼓励学生参加各种竞赛活动，提高参与意识。

特长发展的考核方法可以参照如下标准：有特长的一项加 2 分，获班级特长竞赛奖加 2 分，获校级特长竞赛奖加 3 分，获市级以上特长竞赛奖加 5 分等。

以上诸方面的考核，一周进行一次小结、一学期进行一次总评，对每一位学生各方面能力进行评价。考核评价使学生对自己的能力发展有一个认识，教师对每一位学生的能力发展有一个全面的了解，也为指导以后的工作提供了一个可靠的依据。

三、班级管理的民主管理法

民主管理法是指班级管理者广泛发动被管理者积极参与管理活动，以完成各项任务的管理方式。

（一）民主管理法的意义

民主管理班级可以提高学生的主人翁意识，增强学生的社会责任感。班级管理者在班级学习和生活过程中，发扬民主精神，让学生参与管理，使学生处于主人翁的地位，从而产生主人翁的意识和社会责任感，有利于形成自我管理能力。民主管理可以使学生从小受到民主的熏陶，有利于养成民主的作风。班级管理者经常用民主集中制的办法处理班级的事务，可以使学生耳濡目染、潜移默化地受到教育，有利于学生接受民主思想和民主作风，有利于学生将来参与社会的民主生活。班主任运用民主管理的方法，能够体现师生平等，有利于师生之间思想与情感的沟通，营造和谐的班级气氛，为教育教学提供良好的环境，可以间接地提高教育教学质量。

（二）民主管理法的原则

1. 班主任要具备民主管理的理念

民主管理的理念是民主管理行为的先导，没有民主管理的理念，就不会有民主管理的行为。民主管理的理念就是现代管理理念，它是班级管理由传统方式向现代管理方式转变的标志之一。只有实现了管理理念的突破，班级管理才会有质的飞跃。教师要充分尊重学生，树立班级民主管理的信心。

2. 形成平等的人际关系

确立平等的师生关系是实行民主管理的关键。只有把学生看成与管理者平等的人，民主管理才有可能落实。班级管理者只有尊重学生、理解学生、信任学生，才能更好地发扬民主精神。

3. 充分发扬民主精神

用民主管理的方法，就要实行真正的民主，这就要求班级管理者把民主管理体现在各个方面，遇事和学生商量、研究，把民主坚持到底。应该学习哪些内容、怎样才能学好、对犯错误的同学应该怎样处理等，都应该用民主的方法，真诚地和学生商量，坦诚地交流思想、交换意见。

4. 教师引导与学生主动参与的统一

在教育和被教育的过程中，教师是引导者、组织者、协调者，不是独裁者、主宰者；学生是热情的参与者、见证者。民主管理强调教师的引领和指导，教师要尊重学生，培养学生主动参与班级民主生活、参与班级环境建设、影响班级决策、促进班级成长和变革的能力。对学生参与的尊重，是师生形成合力，促进班级良性发展。

四、班级管理的自主管理法

自主管理法是班级管理者让班级成员依据教育目标的要求以及自己和组织自身的特

点，独立自主地管理班级活动的管理方式，这种方法的特点强调学生是班级管理的主体，扩大他们自主活动的领域，让他们独立自主地对班级的事务进行组织决策，制定规则，组织实施，相互协调，自我监督和评价。自主管理法虽然是在班级管理者的指导之下，但不是完全依照教师指令，在教师直接或间接控制下被动执行的管理，而是在明确自身目标的条件下，在教师的一般要求下，根据自己的需要、动机、能力、爱好等特点而进行的自觉自主的创造性的管理活动，这种管理方法反映了主体教育的思想，体现了对学生主体地位的肯定。

（一）自主管理法的原则

学生自主管理的主体是学生，班主任和任课教师是管理的参谋者、指导者，学生自治和直接参与班级教育教学管理的探索不仅是加快学校民主管理进程，从而提高班级管理效益的重要手段，更是一种提升学生主体意识，培养合格公民的教育策略。学生自主管理的第一要事是转变班主任、任课教师的传统观念，大胆放手，切实做到让学生成为班级的主人。真正实现学生自主管理需要做到以下方面。

1. 学生自定目标

学校应将新学年第一个月定为目标教育月，各班根据学校、年级组的整体目标分头制定明确的班级奋斗目标，每个学生根据班级目标制定个人具体目标，自我加压、自我激励。

2. 学生自定班规

各班以学校规章制度为依据，根据自己班级的实际情况，在每一位同学直接、民主地参与下制定集体生活的规则，让学生用自己制定的制度来约束自己，不断培养自我调控、自我管理的能力，以达到自主管理的目的。

3. 试行选举制度

试行"班委竞选制""班干部轮值制"。通过自荐和他人举荐相结合的方式产生候选人，候选人发表竞选演说后，由全班同学投票产生班委会，班委会通过班干部轮值制度对班级实施管理。"班委竞选制""班干部轮值制"的实行，为更多的学生提供了发展主体意识、提高服务能力的舞台，使学生在实践中学会合作、学会负责、学会做人。

4. 建立"班级教导会"制度

班干部通过定期召开（两周一次）由本班所有任课教师和学生代表参加的班级教导

会，分析学情、教情、班情，及时反馈任课教师和学生之间的意见、建议，形成民主、团结的班集体。

5. 班级事务"包干负责制"

班级事务实行"包干负责制"，每个班级的事务管理应坚持"人人有事干，事事有人干"的原则，做到人人参与班级管理，服务工作岗位明确，责任到位。

（二）自主管理法的实践

1. 定期变换管理角色

为了给每一位学生以平等的学习锻炼机会，使学生主动参与班级事务，可以每天安排一名学生作为值日班长：协助班主任全权负责班级的管理工作，尤其是对学生的日常行为、出勤、课堂纪律、作业完成、礼貌、卫生等情况进行监管，对班级学生的一天的表现进行记录，重大问题及时向班主任汇报，在班会上，可对班级存在的问题、发展方向、建设意见等进行发言。对班级建设而言，应该有积极的作用，对学生的良好习惯的培养、形成，其作用是非常明显的。

2. 形成多样化小组

小组是班集体组织机构中最基本、最活跃的组织形式。按其活动内容的不同，可以建立班务管理小组（如墙报编辑小组、财务管理小组、图书管理小组、卫生监督小组、生活服务小组等）、学习小组、各种课外兴趣小组、运动队和校外小组等。每一个学生都可以加入若干个小组，扮演各种角色，接受集体的积极期望。与此同时，让小组成员共同制定目标和活动内容，在小组中当家做主，学会自治。他们活跃在校园内外，在各种小组活动中发挥自己的积极性和创造性。还可以开展小组擂台赛，加强班集体对各小组活动的评价、督促和班主任对各小组活动的指导，确保每个小组的活动对学生个体产生积极影响，充分调动每一个小组和个体的主动性。

3. 完善民主氛围

力求在集体及社会中表现、体验和感悟自我价值是主体性发展的根本动力。为了使每个学生都有展示才能，获得成功的机会，应该根据学生兴趣、爱好、能力、特长、需要等把班级内的各种管理职能分解为一个个具体明确的岗位，如建立学习互助岗、环境保护岗、文体活动岗等，甚至细致到将班级琐碎工作分为十多个小方面。除每个四人小组选派一人负责前后两桌的地面及抽屉卫生外，其余的诸如图书管理、讲台桌的整理、花卉的浇灌、电化教具的保管检查、清洁用具的摆设、学校通知的记录与传达等均设立了相应的岗位，力求使每一个学生都能在班级管理中找到自己满意的位置，做到"人人有岗位"，让学生在发挥作用中看到自己的价值，在班级中取得有利的地位，从而激发其参与班级活动的积极性和主动性。

五、班级管理的情感沟通法

情感沟通是一种理性和感性的混合交流，它是群体生命的要害。要维持班级群体管理的动态平衡，沿着既定的目标迈进，就要通过健全灵敏的沟通结构来实现。师生、生生之间平等的情感沟通，是班级集体和谐发展的关键。

班级情感沟通结构应为混合多向型，这种结构既注重班主任（包括任课教师）与学生之间的纵向沟通，又重视同学之间的横向沟通，这种沟通使班级师生之间的思想行动一致，同学之间互相关心、互相谅解、互相照顾、密切联系、协调配合。

（一）情感沟通法的意义

在班主任工作中，师生之间的情感交流如何，直接关系到教育目标的实现和教育效果的好坏。在对学生进行道德品质教育的过程中，教师所提出的要求要转化成学生的行为，需要加强师生之间的沟通和对学生道德情感的教育。爱在师生之间的传递，能够协调师生之间的关系。

教师与学生的情感沟通是班级人本化管理的首要策略，是做好班级一切工作的基础。班级情感沟通方法有利于教师利用情感与学生沟通，努力接近学生，在各个方面尽其所能帮助学生，缩短师生双方的心理距离，形成和谐融洽的师生关系，让学生切身感受到班主任是他们的亲人、领头人，以便师生之间搭建起相互信任的桥梁。

（二）情感沟通法的原则

教师与学生的情感沟通绝不是简单的三言两语、浮于表面的交流，而是以心换心的沟通。教师只有真正深入学生的心灵深处，了解学生的心理需要、学习动机和发展需求，才能建立起和谐的师生关系，达到情感沟通的效果。

关注学生的需要是情感沟通的基础。尊重与欣赏学生是情感沟通的重要前提。尊重、理解、宽容、欣赏是人际交往的重要内容，也是精神需求的内容。尊重被认为是人的一种基本需求，人的这种渴望尊重的需求是否得到满足，将直接影响到一个人的发展。因此，教师要尊重学生的个性，尊重学生的人格，理解学生的思想感情，宽容学生的过失，欣赏学生的进步，让每一名学生拥有归属感和安全感。建立和谐的师生关系是情感沟通的关键。要建立和谐的师生关系最重要的是情感投入，最基本的环节是信任。如果信任出现问题将会挫伤学生的积极性，因此，教师应努力构建以信任为本的师生关系，让每一名学生享受到真诚的温暖与和谐，进而激发其强大的学习热情，为班级的发展增添生机与活力。

（三）情感沟通法的内容

1. 倾听法

倾听体现了对学生的尊重。学生的自我意识飞速发展，他们渴望被家长理解、被同学尊重、被教师信任。在教育教学中，尊重学生自我意识发展的有效途径之一就是倾听他们的声音，感受他们的成长。当学生表达自己的观点和意愿时，班主任认真倾听，就会使学生体会到尊重和信赖。倾听是打开学生心灵的钥匙。学生在成长过程中常常感到疑惑、迷茫，此时他们往往选择向班主任"求助"的方式，把自己在学习和生活中的种种不如意和困惑向班主任倾诉，这时倾听就是对学生最好的鼓励和帮助。倾听学生的心里话，有利于洞悉学生的心理状态，从而促进师生情感的沟通。倾听时要注意：①要体察对方的感觉，一个人感觉到的往往比他的思想更能引导他的行为，体察感觉，意思就是指将对方的话背后的情感复述出来，表示接受并了解他的感觉，有时会产生相当好的效果；②要注意反馈，倾听别人的谈话要注意信息反馈，及时查证自己是否了解对方，确定了对他的了解，就要给予积极实际的帮助或提出建议；③要抓住主要意思，善于倾听的人总是注意分析哪些内容是主要的，哪些是次要的，以便抓住事实背后的主要意思，避免造成误解；④要关怀、了解、接受对方，鼓励他或帮助他寻求解决问题的途径。

2. 活动法

学生非常渴望班级开展活动，然而其心态是复杂的：一方面想通过活动表现自己，另一方面又怕教师把活动变成说教课。班级管理过程中要想通过活动达到师生彼此交流的目的，就必须抓住学生的年龄特征与心理特点。

3. 谈心法

谈心是一种有助于交流情感、互通情况，并能够有针对性地做好学生的思想工作、解开思想疙瘩、体现人文关怀的有效沟通方法。谈心时应注意讲究方法：①交心，以诚相见、推心置腹，不能言不由衷；②要与人和善，既要指出缺点，又要注意正面教育；③要平等待人，设身处地；④要耐心疏导，由浅入深。

六、班级管理的以人为本管理法

（一）班级管理以人为本的理念

班主任作为班级的引领者，不仅需要通过管理的方式引领班级朝着正轨的方向迈进，同时还要借助德育引导，为学生生命意识的健康成长助力。良好的德育引导不仅可以帮助学生形成良好的生活、学习习惯，也能够有效地浸润学生的德育品质。因此，班主任要在"管"的约束过程中，对学生的生命成长和道德品质的形成给予"理"的引导，帮助学生做一个具有深厚道德修养的人。

1. 强化示范引领

班主任可以充分发挥自身言行示范引领作用，做好学生的榜样，每一位班主任包括任课教师都应该密切关注自己的言行规范，处处为学生树立良好的示范引领作用。班主任对于自己的严格要求，就能让学生看到一个严于律己的示范榜样形象，在这一榜样的引领之下，他们纷纷模仿，并将班主任平时的言行转化到自己的言行实践过程中，久而久之就成了自己的习惯，更会镌刻在学生的内在意识之中。班级管理的最高境界不是要通过具体、苛刻的制度来约束、控制学生，而需要通过班主任自身的言行示范，真正让学生意识到怎样做是正确的，怎样做是错误的，形成自己最基本的价值判断，最终能够用自己的价值判断来反思并调整自己的言行，促进自己言行意识的不断规范化。

2. 践行扶放理念

班主任的精力终究是有限的，如果班级管理中任何事情都亲自过问、处理，就无法将足够的精力倾注在更需要关注的学生身上。因此，在班级管理的过程中，班主任需要精心地培养班级管理的小干部、小助手，充分发挥他们的作用，以锻炼他们的能力。班主任在培养小干部时，应该通过自身的细致观察和学生的民主推荐来遴选人员，这样从源头保障了班干部自身的质量。班主任需要将具体的管理权限下放给小干部，让他们有施展管理能力的舞台，如课间操、眼保健操等活动，就可以由班干部组织、监督，让他们在实践管理的过程中树立威信，锻炼处理突发事件的能力，以达到增强班级凝聚力的效果。班主任要善于针对一些具体情况对班干部进行指导。班主任培养小干部不是要替自己减轻负担，而是更综合性地管理班级的需要，更是学生自身要求发展的内在需要。强化班干部的培养，能够使班级管理自主化得到更加充分的落实。

3. 凸显主体地位

学生有了基本的价值判断，班主任就需要在班级管理层面重新进行调整，将自己认知状态下的认知得到最大限度的释放，也使得班主任管理班级的理念能够被充分激活，从而促发管理班级模式的更新与调整。

班主任要认识到班级管理的重要性，班级管理是学生生命成长、品性修炼和学业发展的重要平台。对于现代社会而言，孩子的品质就决定了他未来的人生方向，班主任就要在德育熏陶下养成学生彼此关爱、相互帮助的意识，为学生核心能力的生长奠定坚实的基础。班主任要进一步丰盈自己的认知观点，积极凸显学生的自主性意识，确立学生在班级中的主人翁地位，将班级管理的自主权交还给学生，充分发挥每一个孩子的聪明才智，激发他们对班级管理的建议与提醒。班主任要通过评价的方式来进行班级管理模式的创新。班主任应在创新的过程中真正发挥每一个学生内在的主人翁意识，通过自我评价、生生评判，班主任在充分尊重学生意见之后，最后形成评价的综合性成果，让班级中的学生都能从他人的错误中总结经验教训，促进学生内在生命意识的成长。

时代在发展、社会在进步，班级管理的方式也应该与时俱进，不断地与社会形式接轨。基于此，班主任应该从认知重要性、管理模式以及评价方法上进行感知创新，旨在凸显学生的自主性意识，提升班级的整体性管理效益。

总而言之，自主性意识是学生内在意识充分觉醒的重要状态，更是班主任进行班级管理的核心方向，只有充分落实学生的自主性意识，才能真正将班级的管理权交还给学生，让班级逐步走向正轨。

（二）班级管理以人为本的措施

只有教会学生自己管理班级，才会有真正的自主管理。只有班级管理自主化，才有助于培养学生的各种能力，全面提高他们的素质，让班级管理走向自主，让学生真正自主参与班级管理。实行班级管理自主化，必须实行真正的班级管理民主化，要做到让每一个学生都参与对他人的管理，同时，应自觉地接受他人对自己的管理，也应交给学生选择的机会和自主的权利，真正还给学生主体地位。要坚持以人为本，贯彻一切为了学生，高度尊重学生，全面依靠学生的理念，全面改革班级管理模式，具体做法包含以下方面。

1. 完善教学制度

严格而完善的管理制度是自主管理顺利实施的保障，而管理制度只有大家自觉遵守了，才能让班级管理走向自主化。形成规则、完善制度的过程就尤为重要了，既能体现学生的民主管理班级的意识，又能促进学生自觉遵守班级制度。班级管理制度，可由班主任、班干部先提出初步意见，然后全班参与讨论，在讨论过程中让学生确立规则意识，明辨是非，分清美丑，最后再参与民主表决，由全班举手通过，这样既让他们享受自己参与讨论班级管理制度的商讨过程，又有利于培养学生形成遵守班规的自觉性。

当学生的认识到位，制度就自然而然地易被学生接受、内化，班级制度化管理也更容易实施，班规实施的过程要体现由强化到自觉。班规执行之初，班主任须花费更多的精力、耗用更多的时间和学生在一起。随时发现问题，随时提醒学生注意，强化班规的实施，完善自主管理制。

2. 培养责任意识

培养学生的责任意识就尤为重要，对于班级管理走向自主就起到了关键性的作用。如何让学生由"自我"走向"自主"，如何让班级管理由"人治"转向"法治"，学生的责任感培养就尤为重要了。班主任就需要让每个学生都要有岗位，都要有事做，也就是"人人有事做，事事有人为"。换言之，班主任要实行岗位责任制，尽可能地在班级管理中设置更多的小岗位上的事情，让每个学生都有事情做，这些事情做起来虽然很小，却需要坚持不懈。只要学生能不厌其烦地坚持做好每一天的小岗位，学生的责任感也就自然而然地得到了提升。班级小岗位的设置，有利于学生实现班级管理目标，调动起每个学生参与班级管理的积极性，易使班级自主管理真正进入良性轨道，使班级出现"事事有人管，人人会管理"的良好局面。

3. 引导班级管理

当班级管理进入良性发展轨道，当班级制度由强化到自觉遵守时，学生的班级管理才能走向自主。无论是何种管理岗位，无论是哪个事情决策，都要让学生参与，让他们在管理中学会管理，在管理中体会成功的快乐。在班级工作的决策和管理过程中，从制订计划、检查监督到总结评比、执行决议都让学生民主参与。班主任不要妄下决断，要让学生做出决定。凡是学生能管理好的事情，班主任要尽量静观学生的管理，做到不插手、不评论。当学生在管理中遇到困难时，班主任可以给出方向，适当点拨，而具体操作者仍然是学生自己，班主任的支持与肯定尤为重要。此外，班主任还要及时采纳学生的正确意见，接受全体学生的监督。长此以往，学生在平等中学会尊重，在民主中学会遵守，在自主管理中锻炼自己的独立工作能力，提升自我，发展自我。

从时间上而言，班主任可以利用班会课或课外时间对班干部进行培训，及时总结管理中的亮点，也及时客观地对他们的管理进行评价、点拨；从操作载体而言，班主任可结合学校期末评优项目——"优秀班干部"，设计一个专门给班干部管理的加分表，及时捕捉管理过程中的优秀做法，给相关管理的班干部加分，促进他们的管理积极性。此外，要教会学生自己管理自己，让每一个学生都参与对他人的管理，同时能自觉地接受他人对自己的管理。长此以往，便可实行班级管理民主化、自主化、全员化，让班主任"无为而治"，让班级管理走向自主。

第二节　班级日常事务处理技巧

一、班级教学工作的处理技巧

（一）形成良好的教学秩序

班主任对建立一个稳定、和谐的教学秩序负有主要责任，班主任应该加强班级教学管理，为学生建立一个好的学习环境。建立正常的教学秩序，包括以下方面。

1. 制订学习计划

班主任应该帮助学生制订适合个人的学习计划。学习计划不宜太长远，太长远的计划不容易实现，因此，班主任要根据学生的实际情况来制订学习计划。

2. 课前预习

课前预习要求学生根据自己的实际情况来进行预习，在基础较薄弱的学科上，班主任应该鼓励学生做好预习笔记，在上课前做好思想准备，并且准备好书本、笔记本等。

3. 课堂教学

课堂是进行教学的主要场所，良好的课堂秩序是保证教学正常进行的前提条件。良好的课堂秩序包括：①预备铃声响后，学生应该有秩序地进入教室；②上课铃声响之前，学生将上课需要用到的书本、文具准备好，放在课桌上；③教师上课期间能够保证课堂的安静有序；④上课不迟到、不早退，迟到应在教室外报告，获得教师批准后方可进入教室。

4. 课后复习

复习是重复学习学过的知识，使对其印象更加深刻，让其在脑海中存留的时间更长。学生每天要接受很多的知识，而有的知识无法及时消化，因此，及时复习便显得十分重要，复习不是一味地做习题，而是需要根据每门学科的特点来进行有针对性的复习。

5. 完成作业

作业是成功教学的基本保证，对学生的学习具有十分重要的作用，主要包括三点：①作业能促进学生课内认真听讲。学生为了能在规定的时间内完成作业，上课就必须开动脑筋，认真听讲，思想跟着教师走，理解并掌握好所学的内容，这样良性循环，就能使学生养成勤奋好学、积极进取的学习习惯，为今后的成长奠定坚实的基础。另外，学生在做作业的过程中可以检测当天所学知识掌握的程度。②作业能提高教师的教学水平。要求学生能够很好地完成作业，教师就必须做好教学设计，要合理安排上课时间，教学内容要巧妙设计，充分调动学生学习的积极性，保证学生有足够的时间做作业。如此持之以恒，对教师的业务水平有很大的促进作用。③作业能调动学生的积极性。作业课内完成后，学生可以进一步钻研一题多解，还可以进行有效的复习和预习，发挥他们的主观能动性。对做题慢或时常出错的学生，教师要及时安慰，并及时纠正，多给他们一些发言的机会，鼓励他们上课认真听讲、积极思考、踊跃发言，使他们能在轻松的氛围中掌握知识，进而在课内及时准确地完成作业。教师在设计作业时要尽量注意不同学生的接受能力，做到量少、题精、实用性强。

（二）明确自习课和考试纪律

良好的学风对学校教育能产生积极作用，班主任是班级工作的指导者、管理者，良好的学风是班主任有意识培养的结果。一个班级学风的好坏，很大程度上取决于班主任的决策管理。要建立良好的学风，班主任必须为学生创设一种宽松、和谐的学习环境，这种环境需要强有力的纪律来做保证。

自习课是学生自行进行预习、复习和完成作业的课。自习是学生提高自学能力的有效途径，一般由学生自行安排，必要时教师也会在自习课上给予学生辅导。安静的学习环境对学生的学习至关重要，自习的时候，学生要保持教室安静，加强对自习课的重视程度。

维护考试纪律是保障日常教学能够顺利完成的重要举措。班主任要让学生知道，考试只是为了检测学生在一定时间内的学习效率和学习效果，学生需要根据考试结果总结出自己在哪方面薄弱，根据考试结果补差。班主任要与家长配合，以协调发展来要求学生，不能单单以分数来衡量学生的优劣，要制定严格的考试制度，良好学风的建设不是单靠班主任就能实现的，需要学校、家庭、社会的共同配合，班主任要充分利用好其中的资源。

（三）制定合理的教学安排

合理的教学安排是促进教师教学有序进行的重要环节，是提高教学质量的重要措施之一，班主任必须协同学校与教师来创造更好的学习环境。对于学生而言，自己刻苦学习是主观要素，而良好的课程教学安排是客观因素。好的学习效果是主观要素与客观因素共同作用而产生的，学生在努力学习的时候，班主任应该提供合适的教学安排来协助学生的学习。

（四）根据课程特点安排授课时间

合理的授课时间是合理课程安排的重要因素，每门课程都有其特点，班主任要根据课程特点和学校制定课程时间的部门进行协商，争取将课程安排在合适的时间内。例如，数学课需要很强的逻辑性，需要学生全心投入，因此，数学课最好不要安排在上午的第三、第四节或下午的第一、二节，这个时候的学生已经处在疲惫期，对课程的接受程度会比较低，数学这样的科目就不适合在这个时候教授。

（五）与授课教师共同完成教学计划

班主任平时与学生接触的时间最多，对学生的学习状况比较了解，因此，班主任需要协助授课教师一起来制订教学计划。教学计划应该从学生的实际出发，根据学生的学习水平与学习状态来制订。

（六）落实学习状况测评制度

适时地对学生的学习状况进行一次测评，对教师更好地了解学生的水平有重要帮助。班主任应该就测评计划与授课教师进行沟通，让授课教师协同一起完成。测评的内容最好不要是综合性的考核，应该是对一段时间内完成的教学计划进行的考核。若学生处在重要考试前夕，那么测评就应该是综合性的考核。班主任应该与授课教师一起帮助学生找到自己的薄弱点，进行有针对性的复习。

（七）培养劳逸结合的学习方法

学生在学校的学习是紧张的，尤其是面临升学考试的学生，因此，班主任在日常的教学管理中还要注意让学生劳逸结合。学习要讲究方法，学习一段时间之后要让大脑放松一下。

二、班级思政教育工作的处理技巧

（一）班级思想教育

1. 班级思想教育的作用

思想教育是学校教育的重要组成部分，也是班主任在班级管理中的重点之一。学校中的思想教育是在掌握知识的基础上，对学生进行思想教育。每个人的世界观、人生观、价值观都不一样，因此，班主任应该根据学生的实际情况，制定针对不同情况的教育方法，引导学生树立正确的世界观、人生观和价值观。对学生的思想产生影响的因素有很多，如电视媒体、家庭氛围、学校学习氛围等，在众多影响因素中学校氛围只是其中一个部分，家庭、社会都对学生的思想教育负有责任。班主任对学生的思想教育主要表现在以下方面。

（1）班主任对学生思想的形成起着直接的作用。班主任是学生在学校的第一责任人，在学校中与学生的接触最多，也最了解学生的思想状况，因此，在学校中班主任对学生的思想形成起着最为直接的作用。为了了解学生的思想状况，班主任应该经常找学生进行谈话，了解其所思所想；还要经常组织班级活动，让学生在一个良好的氛围中学习。

（2）班主任对学生的思想起着转化作用。当学生面临困难时，班主任应该主动挑起解决问题的重任。班主任应该主动对学生进行思想教育，使他们重新回到正确的轨道上来。

（3）班主任对于学生思想的形成起着潜移默化的作用。简单的说理、劝说并不一定能改变学生的错误思想，班主任日常行为表现也能够对学生的思想产生影响。班主任在学校所有的教师里面，与学生接触得最多，班主任的一言一行对学生会产生潜移默化的影响，这种影响是深远的，所以，班主任要注意自己的一言一行，要时时刻刻为学生做出好的榜样。

2. 班级思想教育的内容

（1）人生观教育。人生观是对人生的看法，也就是对人存在的价值、存在的意义的思考，其具体表现为苦乐观、荣辱观、生死观等。是否有正确的人生观不仅关系到学生在学校的成长，还关系到他们未来的发展。影响学生人生观的因素主要是环境，当然也有感情、个人经历、知识水平等因素。青少年时期，因为知识储备不足、个人经历较少、心理不够成熟，学生的人生观、世界观还不够稳定，这个时期的教育对他们的影响是巨大的，班主任需要特别重视青少年学生的人生观教育。

（2）社会责任感教育。社会责任感就是在社会中，每个人对待其他人或者其他事的伦理关怀和义务。社会不仅是由无数个个体组成的，而且是一个不可分割、相辅相成的整体。怎么样才能让学生正确处理好自身与社会的关系，这是班主任需要思考的问题。

（3）理想教育。理想是人们在实践中形成的、有可能实现的、对未来社会和自身发展的向往与追求，是人们世界观、人生观和价值观在奋斗目标上的集中体现，它既是一种向上的动力，也是一种奋斗的目标。理想需要根据实际情况来制定，过高的理想和过低的理想都不利于学生的发展。因此，切合实际的理想非常重要。班主任要担任好咨询师的角色，积极地去了解学生的心理状况和学生的理想，根据自己的经验来为学生制定出适合他们自己的理想。

（二）班级政治教育

政治与人们的关系十分密切，政治教育是学生能够全面发展的重要前提和保障。一个全面发展的学生不仅仅要学好各门学科，还要重视自身的素质建设，同时还要重视自身的政治教育。学生在学校学习的主要目标，是为了未来更好的发展。学校、教师在注重分数的同时，也要加强学生的政治教育。班主任在对学生进行教育的时候，使学生对社会目标有清楚的了解，并且认同社会目标，形成积极向上的政治意识。对于学生，教师通常只要求其能知道我国的政治形态、政治特点等基础性问题。学生学习政治是大有好处，能够加强学生分辨事物的能力，为以后行使公民权利奠定坚实的基础。

1. 道德教育

道德是人们内心最纯真的一种理念，是人们生活及其行为的准则与规范。对待他人、社会、国家要真诚、富有爱心、富有责任感，从而能够正确地选择自己的生活方式。对学生进行道德教育，是为了让他们形成良好的道德观念和道德行为。道德是人与人、人与社会能够和谐相处的前提，是人们完善自己的基本准则，对社会的发展、国家的未来有重要影响，是学生全面发展的重要组成部分。

2. 心理健康教育

学生心理健康教育是根据学生生理、心理发展特点，运用有关心理教育的方法和手段，培养学生良好的心理素质，促进学生身心全面和谐发展、素质全面提高的教育活动。心理健康教育是素质教育的重要组成部分，提高学生心理素质和心理健康水平是素质教育重要的培养目标之一，加强心理健康教育是全面推进素质教育的迫切需要。人们往往更加重视身体健康，而缺少对心理健康的关注，其实心理健康与身体健康都很重要，二者缺一不可。学生心理健康的表现有：①有积极的心态，面对困难不退缩，不产生畏惧的情绪，能够积极地面对困难，并且找出解决问题的方法；②能坚持正常的学习、锻炼和社会交往；③能正确地处理人际关系，与朋友、同学关系良好，对陌生人不产生恐惧感；④行为举止正常；⑤能够正确地认识自己、认识社会、认识学校等，根据自身情况安排自己的生活和学习。

三、班级其他工作的处理技巧

（一）班会

班会是以班级为单位，以一定的目的为指向的班级会议。班会是班主任实施班级管理的重要组成部分，通常由班主任主持，班会一般分为主题班会、常规班会和测试型班会。不同类型、不同内容的班会所起的作用也不尽相同，主要包含以下方面。

1. 提高学生的认识能力

班级的管理不是班主任一个人的责任，需要全体同学和班主任共同努力。因此，班主任需要将一段时间内班级出现的各种情况向学生进行汇报，并且让学生发表自己的看法，通过班会班主任可以就学生对某些问题的不同看法，进行统一认识的教育。班主任还可以对这种认识进行强化教育，加深学生对问题的理解，使他们增强是非判断能力。

2. 提高学生的自我教育能力

班会体现着班级共同的思想，因此，班主任在班会的设计到实施环节都应该让学生参与进来，让学生在这个过程中得到多方面的锻炼，发挥学生的潜在积极性，更好地培养学生的能力。有经验的班主任总是会事先把班会的意图告诉学生，为学生提供一个发挥才能的平台，而不代替学生去做，他们善于调动学生的创造性思维，让学生自主发挥聪明才智。

3. 加强教师与学生的沟通

班主任与学生共同参与班会，这是加强班主任与学生沟通的好机会。班会活动是师生加深了解的过程，也是师生加强团结的过程。班会活动中，学生可以对班主任吐露心声，说出心中所想，同时也可以提出对班级管理上的建议和要求。班级管理是班主任要和学生做朋友，知道他们的所思所想，了解他们的困难，为学生创造更好的学习条件，这样才能建设一个和谐的班集体，从而促进学生学习的进步。

4. 创设适宜的学习条件

班主任要了解学生实际困难，为学生创造更好的学习条件。学习是学生的职责，在学校中，一切活动都要以能帮助学生学习为前提，都应该成为学生学习的重要辅助，当然班会也不例外，班主任和各科教师都应该参与班会。各科教师在班会上能够对这一段时间里学生的学习状况进行一个小的总结，并且指出需要改进的地方，而学生也可以将自己所遇到的学习方面的困难向授课教师反馈。班主任在授课教师与学生之间应该起到桥梁的作用，为双方能够更好地合作创造好的条件。班会时间应该成为能解决实际问题的时间。

（二）谈话

谈话是班主任通过各种形式对学生说理，使他们明辨是非、解除疑惑、提高认识，保持健康的心理，加强道德修养的教育活动方式。谈话是班主任日常工作中的一项重要内容，谈话的目的是从根本上提高学生的共产主义觉悟，增强明辨真、善、美与假、恶、丑的能力，逐步懂得做人、立志、创业的道理，它是班主任进行理想、道德、纪律普及教育必不可少的手段之一。班级管理离不开谈话，它是班主任在班级日常管理中非常重要的一个环节。班主任在谈话中要注意以下方面。

1. 讲解正确的思想

在谈话的过程中，班主任应向学生讲解正确的思想。学生正是从班主任及其他授课教师不断教授的道理中提高认识、学会明辨是非的，虽然通过其他途径学生也能够学到这些，但是在日常教学中，班主任与学生的关系最为亲密，对学生的了解更深，对学生的影响更大。因此，班主任更应该注重向学生讲解正确的思想，让其学生学会明辨是非。

2. 学会分析事物

通过谈话，让学生学会分析事物的本领。学生需要学会分析事物的能力，而在学校教学中学生只能接触到书本知识。书本知识对学生提高分析事物的能力作用有限，因此，班主任应该发挥关键作用，通过言传身教让学生在不知不觉中学会分析事物的本领，提高分析事物的水平。

3. 纠正错误思想

谈话要提高学生处理事情的能力，纠正其错误思想。班主任的伦理谈话灵活性很强，需要根据不同学生的实际情况制定谈话内容。在谈话中，班主任要明确指出学生哪里有错误，并帮助学生分析错误产生的原因，使学生在这样一次次的伦理谈话中成长起来，发挥伦理谈话对学生成长的重要作用。

4. 使学生与教师更加亲密

谈话可以使班主任和学生之间关系更加亲密。谈话不仅仅是班主任在发现问题的时候才与学生进行的谈话，还应该贯穿于学校教学的全过程。班主任找学生谈话并不代表学生出现了错误，当学生表现优异的时候班主任也可以找学生进行谈话，当然，在这种情况下谈话内容更多的是表扬。当学生在学习中遇到困难的时候，也可以主动找班主任谈话。谈话能够加深班主任与学生之间的感情，使班主任与学生不只局限于师生的关系，而逐渐发展为朋友的关系。

（三）班级活动

班级活动是学生认识客观世界、认识他人与自我、适应学校生活与社会生活的重要途径，也是建设良好班集体的重要组成部分。班级的目标要靠所有成员共同参与完成。班级活动是指在教育者的组织和领导下，为实现教育培养目标，完成学校的教育计划，组织班集体全体成员参加的一系列活动。班级活动一般包括思想品德活动、课外活动等。班级是学生成为社会人的重要环境，对学生素质的培养有重要影响，一个良好的班级，同样是一个小社会，对学生个体社会化起着重要的促进作用。良好的班级氛围、丰富多彩的班级活动会促进学生多方面兴趣的发展，对学生的全面发展有重要作用。除了教学计划中规定的课程以外，班主任还要多安排一些班级团体活动。班级活动要求学生能够团结一心，有利于提高学生的集体荣誉感。

班级活动的特点主要包括：第一，班级活动强调自愿。班级活动完全由学生根据自己的兴趣、爱好自由选择，自愿参加。第二，班级活动要注意学生的差异性，学生之间有很多差异，班级活动要丰富多彩，班主任要能够善于发现学生的"闪光点"，并且根据学生的不同特点因材施教，以充分发挥学生的潜能与特长。第三，活动内容的广泛性，班级活动应该是丰富多彩的，班级要组织各种科学兴趣小组，搞科技小发明，参观科技展览，举办科技讲座，培养学生讲科学、爱科学的兴趣。第四，班级活动形式的灵活性。相对而言，班级仍然是一个较小的群体，因此，形式应该灵活多样。从规模而言，有小组活动，有班级活动，甚至可以有全年级的活动；从具体的活动方式而言，可以有体育活动，可以有文艺活动，可以搞讲座、报告等，也可以组织模型、标本展。通过不同形式的活动能够培养学生的组织、设计及操作能力，获得心理上的满足，从而增强自信心。

班级活动通常包括政治性活动、信息性活动和娱乐性活动。政治性活动是以思想品德教育和行为规范训练为主要内容的班级活动；信息性活动是一切对学生的知识构成或者判断标准产生影响的班级活动，之所以不将信息性活动说成知识性活动，是因为信息的范围更广，所有的知识都是信息，但信息不全是知识；娱乐性活动是指以培养学生在文艺、体育方面的兴趣、技能为主要内容的班级活动。

（四）明确班级考勤制度

考勤是考察出勤，是通过某种方式来获得员工或者某些团体、个人在某个特定的场所及特定的时间段内的出勤情况。考勤分为全勤、病假、事假、旷课、迟到、早退等。上课考勤一般由班主任负责，当班主任没有办法负责的时候班干部应该负责班级的考勤，自习课、早晚自习考勤一般由班干部负责。班级的日常考勤结果由班长负责统计好，将结果报告给班主任，在每学期结束的时候班主任要将此学期的学生考勤结果总结好，并将其登记在学习成绩单上。对于那些经常迟到、早退的学生，班主任要及时与家长联系，将学生的情况告知家长，情况较为严重的，要协同学校对其进行教育。

学生要按时到校，不迟到、不早退、不旷课，这是维护教学秩序，督促学生遵守纪律的重要措施。学生要是生病或者有事情，必须向班主任请假，告知班主任自己的真实情况，应该事先办好请假手续。如果是病假，请假时应该有家长或者医疗机构的证明，详细地填写好学生请假条，写清请假时间、原因，并且按照时间的长短请相应的部门给予批准。

（五）完善班级计划与总结

计划总结与学生操行评定是班主任在班级管理中的重要工作，也是最常规的工作。做好这些常规工作，对教育好学生具有十分重要的作用。

1. 制订班级工作计划

班级工作计划是班主任班级管理中的准则和依据，一个优秀的班主任应该做到心中有数，对何时应该做何事非常清楚。班级工作计划应该由班主任和学生一起制订，这不仅增强了班主任与学生的沟通，还能让学生产生强烈的责任感，让他们认识到自己是这个班集体的重要组成部分，这样才能更好地形成班集体的合力，也更加容易克服不利于计划要求的行为表现。制订班级工作计划，必须遵循以下条件要求。

（1）根据学校工作目标。班级是学校的组成部分，因此，班级制订的班级工作计划应该与学校的工作要求相吻合。学校的工作计划通常是从整体着手，而班级工作计划应该结合班级工作特点，用比较实际的内容来反映学校的工作要求。

（2）根据班级的实际情况。制订班级工作计划必须抓住班级的实际情况，一切从实际出发，实事求是。班级工作计划既不能制订得过低，也不能制订得过高，过高或过低的工作计划都是无意义的。同时，班级工作计划还要反映出班主任对班级的美好愿望，班级工作计划制订的方向既应该符合班主任的期待，也应该符合学校的期待。班主任在制订工作计划的时候要充分了解学生，准确估测出学生的能力和潜力，只有这样，班级工作计划才有可操作性。

（3）根据学生的特点。班主任在制订班级工作计划之前要想到这个工作计划的实施对象是学生，要适合学生的特点。班级工作计划有多种类别，从内容上可分为综合班级工作计划和单项工作计划；从时间上可分为班级总体工作计划、学年工作计划与学期工作计划。班级工作计划的内容可分为：①班级基本情况和学生情况的概括分析，这部分要直接说出班级的基本情况，要说得明白清楚；②向学生和家长阐述学校的工作要求和本班的工作目标；③实行班级工作计划的具体措施；④评价班级工作的指标。

2. 进行班级工作总结

班级工作总结是在一个学期或者一个学年结束的时候，对班集体在一个固定时间内的表现进行一个综合评价。班级工作总结的内容非常广泛，对班级管理有着非常重要的作用。

（1）让学生和授课教师了解本班的实际情况，为下一步的教学安排做准备。班级工作总结能够客观反映班级的情况。授课教师可以根据教学情况及时调整自己的教学计划，使之能够适合学生的情况。而学生可以根据班级工作的总结知道自己在班级中的地位。

（2）对学生在班级活动中的积极表现给予肯定。学生是需要鼓励的，这种肯定对学生而言是一个鞭策；对其他学生而言则是一个激励和促进，良好的竞争能够为学生学习提供一个好的环境。

（3）班级工作总结能够让班主任提高班级管理能力。班级工作总结是对班级管理教育工作规律的一种探讨，是对班级管理经验的一种积累，班主任在班级管理中的经验常常是在不断的总结工作中得到的，班主任要认真对待班级工作总结。

（六）班级档案的归纳与整理

班级档案是记载班级活动和学生情况的文件，班级档案系统是一个教育单位必不可少的组成部分，它对于学校的管理而言至关重要。班级档案一般由班主任填写，它的具体项目内容主要包括：①班级学生的名册（包括学生的年龄、性别、出生日期、民族等）；②班级的状况；③学生各科成绩记载；④班级的课程安排；⑤授课教师安排；⑥学生上课情况；⑦班级干部的设置情况；⑧学生的表现记载；⑨班级活动的参与情况记载；⑩班会内容的记载等。班级档案没有固定的形式，通常由班主任根据需要来设计，只要方便浏览即可。一般班级档案是需要长时间保存的，以便总结和积累经验。

第三节　优秀班集体的打造

建设优良班集体，是学校德育工作的一项基础工程。优秀班主任，都十分重视班集体的组织和培养，班集体不仅是班主任教育培养的对象，而且也是班主任施加自身教育影响力的重要场域，因此，组织培养班集体是班主任工作的中心环节。

一、班集体的认知

一个优秀的班集体是在班主任及其他管理人员的正确引导下逐步形成的，它经历了由组建到优化的不同阶段，学生的心理品质也经历了由不成熟到成熟、由松散到凝聚的发展过程。研究班集体的内涵、特征、作用及其形成过程，既是班集体组织和培养的前提与基础，也是班级管理成功的必然要求。把握班集体的含义，需要了解群体和集体，主要包含以下方面。

第一，群体是在相互交往的基础上而结成的共同体。群体具有下列特征：有共同的需要或社会目标；有一定的组织形式以保证共同任务的实现；有共同的心理倾向和遵守的行为规范。群体从不同角度可分为以下类型：按群体构成的原则可分为正式群体和非正式群体。正式群体是按一定的法律、章程建立起来，有法定地位，得到社会承认的群体，如工厂、学校等；非正式群体是由情投意合者自发组织的群体，如以同乡、同学等为媒介组成的团体。按活动目标与社会价值可分为进步性群体和逆反性群体。进步性群体是其活动方向，是促进社会进步、有利于人民的；而逆反性群体是有悖于社会进步和人民群众利益的。而按交往范围则可分为大群体、中群体与小群体等。

第二，集体是为了实现有价值的社会目标，而严密组织起来的，有机构、有纪律、有心理凝聚力的群体，它是群体的一种特殊类型，也是社会群体发展到高级阶段的特殊形态。集体除了具有群体的一般特征外，还具有以下特征：①集体必须具有共同的有价值的奋斗目标；②集体必须具有健全的组织机构；③集体必须具有统一的行为规范和必要的纪律约束；④集体必须既具有稳定的领导核心，又具有充分发挥积极性的团结友爱的各个成员。

班集体是按照班级授课制的培养目标和教育规范组织起来的，由具有明确的奋斗目标、坚强的领导核心以及良好的纪律和舆论的班级学生所组成的活动共同体。从本质上而言，班集体的内涵具有多个层次：首先，班集体是一个以学生亚文化为特征的社会群体，它传导和积淀着班级制度的社会文化基因（教育目标、规范和组织模式）；其次，班集体又是一个以教学为中介的共同活动体系，它以课堂教学为中介，整合学校、社会、家庭的教育影响，社会化的共同学习活动是班集体形成和发展的主要整合因素；再次，班集体还是一个以直接交往为特征的人际关系系统，正是交往和人际关系，动态地反映了集体与个体、个体与个体、集体与环境的相互作用，标志着集体形成的过程；最后，班集体是一个以集体主义价值为导向的社会心理共同体，集体心理的统一性和社会成熟度综合反映了集体主体性的水平。

班集体与班级并不是完全相同的两个概念。班级作为一种教学的组织形式，是班集体形成的组织基础，班集体只有在班级的基础上才能逐步建设起来。但并不是每一个班级都称得上是班集体，它需要经过大量组织教育和管理工作才能形成。班级更侧重于组织名称，而班集体则是一种价值判断，反映组织的性质和水平。一个真正的班集体，有明确的奋斗目标、健全的组织系统、严格的规章制度与纪律、强有力的领导核心、正确的舆论和优良的作风与传统，它能正常发挥其整体功能，有计划地开展各种教育活动，不断总结经验，使集体不断自我提高、自我完善和不断前进。

（一）班集体的构成要素

班主任组织和培养班集体的实质是有效实现班集体组成要素的最佳配置。要建设优良班集体，班主任就必须了解和研究班集体的构成要素。班集体的构成要素主要包括：①班集体目标是班集体活动所期望达到的结果，应该包括班级集体目标、小组目标和学生个人目标等，班集体组织，是班级的组织机构，包括班委会、学习小组、学生非正式群体等；②班集体规范是班级的纪律规范，包括学生守则、学生日常行为规范、班级公约、课堂纪律、社会公德等；③班集体舆论是班级的舆论影响，包括班级的主导舆论、班级的评价活动、班级同学对不同意见的看法、班级集体舆论阵地的利用等；④班集体的构成要素包含着丰富的内容，班主任应该重视诸要素的研究，实现诸要素的协调一致和有机配置。

（二）班集体的基本特征

班集体作为一个独特的学生社会群体，有着自身鲜明而独有的特征。概括而言，主要包括以下方面。

1. 价值特征

班集体的价值特征是集体主义取向。班集体并不排斥个人的行动自由和否定个人的兴趣爱好，但班集体崇尚集体主义精神。在班集体内，关心集体、爱护集体，遵守集体的规范，通力合作为集体争荣誉，是班级生活的主旋律。个人以自己是班集体的一员为荣，必要时愿意为了班集体约束自己，而不妨碍班集体。

2. 目标特征

凡是班集体，都有明确的共同目标。在班集体里，学生能够把社会和学校明文规定的教育目标化为自己的目标，达到群体成员之间目标定向的统一。由于目标定向的统一，班集体具有明确的发展方向，这是班集体的首要特征。明确的奋斗目标能够成为动机推动行为，给人以力量克服困难并一步步奔向目标。一个共同的奋斗目标能对群体的行为产生凝聚作用，增加向心力。有了目标，集体就有了方向和动力。在目标的指引下，集体中的成员按照目标中的要求控制、调整自己的行为方向，使自己成为一个集体需要的人。

3. 情感特征

班集体的情感特征是彼此相悦相容，学生生活在这种集体里感到非常愉快，这是社会上许多群体难以具备的特征。班集体能容纳各种个性的学生，不同的人都可以从中得到关心、照顾和帮助，它给学生提供了许多积极的体验。

4. 行动特征

班集体的行动特征是令行禁止。班集体已经形成了集体自觉的传统，因此，班集体认为该做的事，一经决定就立即去做。

5. 活动特征

集体活动是班集体生存和发展的命脉，集体不是组成的，是在活动中形成的，丰富多彩的共同活动是班集体形成的主要决定因素和重要标志之一。

（三）班集体的主要作用

班集体不仅是班主任班级管理的对象，而它一旦形成也会自然而然地成为对学生教育影响的重要手段。班集体的作用可以从以下方面加以解读。

1. 班集体是促进学生个体个性化的舞台

个性化是学生在社会化过程中，社会的各种观念、制度和行为方式内化到需要、兴趣和素质各不相同的个体身上，从而形成他们独特的个性心理结构，个性化的要素包括自我概念的发展，自尊心和成就动机的发展，行动、认识、智能、兴趣、思想、情绪等所有个人特质的综合发展。个性是学生整体素质的最直观、最本质的表现。班集体不仅是促进学生个体社会化的重要环境，而且是促进学生个体个性化的舞台。如果班集体在促进学生个体社会化的过程中，是按照社会要求对个体的社会同一性的管教、定向和控制，其作用方式是对学生个性施以环境和教育的外部影响的话，那么，班集体在促进学生个体个性化的过程中，则表现为按照学生身心发展的特征、水平及其形成和发展的规律，以环境和教育的社会化影响为媒介，通过学生主体性的"内化"机制，形成和发展学生的个性，这两个过程是互为前提、密不可分的。班集体对学生个体个性化的作用主要表现在：班级管理者正确分析和把握班级学生的个性差异及其形成原因，据此设计、确定每个学生的个性完善途径，采取因材施教的策略，在管理过程中有意识、有目的地培养和完善学生个性，促进学生学会自我管理、自我教育、自我发展。

2. 班集体是促进学生个体社会化的环境

个体的社会化是根据一定社会的要求，把个体培养成符合社会发展需要的具有一定态度、情感、知识、技能和信仰的人。个体的社会化程度是其素质水平的重要度量。然而，人的个体社会化是在一定的社会关系中形成的，学校是学生接受社会教化的主要执行者，学校教育过程是有组织、有计划地推进学生个体社会化的过程。而班级是促进学生实现个体社会化的最重要的社会单位。班级管理者按照一定的社会要求，在实施管理的过程中，以班级的组织目标为导向，借助集体规范、集体舆论、集体活动等，使学生从一个自然有机体逐渐转化为社会成员。班集体对学生个体社会化的作用主要表现在：①在集体生活中，向学生传递社会价值观，指导生活目标，引导他们树立符合社会期望的理想；②在班级管理中，引导学生学习、掌握并遵守社会规范，培养学生的社会态度，指导和训练学生的社会行为；③在集体活动中，为学生的角色学习提供多方面的条件，提高他们转换角色、胜任角色的能力。

总而言之，班集体是教育的对象，它一旦形成以后，便又成为教育的主题，有着巨大的教育力量。一个良好的班集体不仅能向集体提出奋斗目标，有健全的组织和领导核心，有严格的纪律和很强的集体舆论，还有融洽的师生、同学之间的关系和积极向上的心理氛围，这样的班集体必然使学生的心灵受到积极的影响和熏陶，对他们的言行产生同化力和约束力。由于班集体的制约力量，能使学生从不自觉到逐渐自觉，并形成良好的行为习惯。集体也能够匡正某些学生的不良行为，以至逐渐自觉地克服掉，这个过程就是在班集体中学生的自我教育过程。班集体的状态越好，这个过程的作用就越强；而离开集体，这种自我教育的能力就会减弱，甚至消失。学生的集体意识也只能在集体中并通过集体活动培养形成，集体的要求和行动气氛会促使学生形成集体意识和服务意识，良好班集体是形成叙述集体意识的直接动力。

（四）班集体的实践阶段

组建一个良好的班集体，既是学校教育工作的需要，也是每个学生的愿望。但是，班集体不同于一般心理学意义上自然形成的群体，它的成员不可能自由选择，其组织者和领导者——班主任是由学校委派的，具有不可选择性。因此，班集体的形成也和其他群体一样，要经历发展过程的各个阶段；各个阶段在奋斗目标、组织结构、活动形式、心理特征和管理方式上具有不同的特点。从教育史而言，有关班集体形成过程的研究具有以下内容。

第一，集体形成阶段理论，该理论管理的目标任务出发，以对学生的要求不断提高的形式拟定了一个集体发展的顺序，这个顺序可以划分为四个阶段：①领导者的绝对要求阶段。在这一阶段，集体组织不健全，由领导者直接向集体成员提出目标、任务和实施要求。②为积极分子所支持的要求的阶段。在这一阶段，领导者周围已吸引了部分积极分子，领导者提出的要求，为积极分子所支持，并影响其他成员去贯彻执行。③整个集体提出要求的阶段。在这一阶段，集体成员自己提出奋斗目标，这个目标为绝大多数成员认同，并执行集体提出的活动计划。④集体形成的最高阶段。集体的每个成员在集体要求的基础上对自己提出要求，每个成员都能关心集体事务，使自己的目标符合集体目标，自觉地使个人利益服从于集体利益并为集体目标的实现而努力奋斗。在这样的集体中，集体生活以"远景目标"为动力，不断努力去实现集体目标，在共同的活动过程中蓬勃向上，不断发展。

第二，团体成员心理成熟程度理论，它把团体的形成划分为松散阶段、凝聚阶段、形成阶段和优化阶段。团体发展的过程也是团体成员的心理不断成熟的过程，即团体成员对自己的目标任务及其意义的认识程度、责任心、觉悟水平、自律性，以及自己确定目标、制订计划、执行计划、检查评价、自我调整的能力等不断发展成熟的过程。在成熟的团体之中，团体具有强大的凝聚力，团体成员能独立活动，自己调适个人与团体、个人与个人之间的关系，协调各自行为，实现团体目标，形成团结的群体。

班集体从其初步形成到巩固成熟是一个连续的、动态的过程，一个优秀班集体的形成一般要经过以下阶段。

1. 班集体的组建阶段

班集体的组建阶段是班集体形成的低级阶段。由于成员刚刚聚合在一起，缺乏了解、互不认识，班级对同学尚无吸引力，自我管理机构尚未建立起来，这一阶段的主要工作是深入了解学生，选择积极分子，加强常规教育，对学生提出明确而严格的要求，开展促进团结、维护集体利益的活动。当集体的目标和要求已被大家所接受，集体成员能够使个人利益服从集体利益，这一阶段的任务就基本完成了。

2. 班集体的形成阶段

班集体的形成阶段是在前一阶段的基础上建立起来的，这时，领导核心已基本形成，班级机构也已建立起来，集体的自我管理水平进一步提高。班集体的形成阶段的重要特征是班集体自身已初步具有自我教育的能力，集体成员的个人利益已经能够服从集体共同利益，这一阶段的主要工作应抓好领导核心的建立与培养，支持班干部大胆开展工作，加强对班集体舆论的正确引导，正确处理集体荣誉感与狭小团体思想的关系，按照培养目标开展一系列有教育意义的活动。

3. 班集体的发展阶段

班集体形成和巩固的主要标志是班集体领导核心坚强有力，能独立开展工作；正确统一的舆论已经形成，全班已经成为一个组织制度健全的有机整体；班级教育目标已转化为学生自己的奋斗目标，集体中的每个成员都能为共同目标而自觉行动；良好的班风和团结互助的人际关系已经形成。这个阶段的主要特征是：将集体的要求变成每个成员的自觉要求，集体已成为教育的主体，学生担负起自我教育的使命。这一阶段的主要工作是向班集体提出更高层次的奋斗目标：进一步提高班干部的素质，扩大积极分子队伍；让学生自我教育、自我管理；提高班集体活动质量，发展学生个性。

4. 班集体的成熟阶段

班集体的成熟阶段是班集体趋向于成熟的时期，班集体的特征得到充分的体现，并为所有班集体成员所内化，全班已经成为一个组织制度健全的有机整体，整个班集体洋溢着一种平等、和谐、合作、上进的氛围，学生积极参与班级活动，并使自己的个性和特长得到良好的发展。

二、班集体的发展目标

集体目标是集体活动所期望达到的结果，是通过集体的一系列活动，使班级达到什么规格的问题。班集体是在全体学生共同活动中逐渐形成的。只有在共同的集体活动中才能表现出集体的精神，进而发挥集体的教育作用。由于目标具有导向、凝聚和激励的作用，有了共同的集体目标，就能使全班学生为实现这个目标而团结奋斗。向班集体不断提出新的奋斗目标，用"前景"吸引、鼓舞集体不断前进，这是形成班集体强有力的手段。在一个具有共同目标的班级里，每个学生都会深刻体验到个人和集体的关系，体验到集体的力量和协作精神，认识到个人在集体中的社会价值，感受到集体的荣誉感、自豪感和责任感，从而更加严格地要求自己。对集体目标认识得越明确，感受得越深刻，集体的凝聚力和积极性就越强，学生合作的热情就越高涨，这就必然产生持久的活动能量。

（一）发展目标的作用

班集体发展目标的确立不仅能够指引班集体发展的正确方向，而且能够激励班集体成员的积极性，同时还能提升班集体活动的效能。

1. 发展目标的标准作用

目标是评价工作成就大小、质量水平高低的标准尺度。班集体目标发挥着衡量班集体活动的标准作用。凡符合目标要求，有利于目标实现的，应得到增大和强化；反之，则应通过思想工作和组织工作加以控制和调整。班主任应充分发挥目标的标准作用，以提高集体活动的效能。

2. 发展目标的指向作用

确立集体目标，为的是引导集体朝着教育目标的总方向前进。任何集体目标都具有方向的规定性，只有正确的集体目标，才能把集体活动引向正确的方向，取得良好的教育效果。管理效能公式表明"管理效能＝方向目标×工作效率"，方向目标与工作效率，同管理效能密切相关。方向正确，效率越高，则效能越好；反之，方向错误，效率越低，效能越低。

3. 发展目标的激励作用

目标对人们的行动具有推动和激励作用。合适的目标能激发人的动机，调动人的积极性。期望理论①表明，目标是一种激励因素，人们对目标的价值看得越大，估计实现的概率越高，这个目标激发出的力量也就越大。班主任应充分发挥目标的激励作用，动员全班师生为实现集体目标尽心尽力。

（二）班集体发展目标的分类

确立班集体的发展目标，要坚持系统观点，把发展目标系统化，从不同的角度，按不同的标准把班集体发展目标分成各项子目标，以构成相应的目标体系。

1. 按目标实现过程分类

如果从目标实现过程来划分，可以把班集体发展目标划分为远景目标、中景目标和近景目标三个方面。

（1）远景目标。远景目标是班集体整个学段的发展目标，如初中三年的发展目标和高中三年的发展目标。远景目标具有概括性、全局性和根本性的特点。通过长期建设，班集体具有健全的组织系统、严格的规章制度与纪律、强有力的领导核心、正确的集体舆论和良好的班风；能够正常地发挥其整体功能，有计划地开展各种教育活动，从而使班集体达到自我提高、自我完善和自我发展的目标。

（2）中景目标。中景目标是相对于远景目标和近景目标而言的，它可以是一学年的发展目标，也可以是一学期的发展目标。在多数情况下，中景目标包含在班集体学年或学期计划的目标任务之中，如把班集体建设成学习先进班集体、常规管理先进班集体等。在个人道德行为方面，确立具有先国家和集体、后个人的集体主义精神；养成艰苦奋斗、遵纪守法的行为习惯以及较好的生活自理能力。在智力培养方面，确立具有正确的学习态度、端正的学习目标、正确的学习习惯、科学的学习方法，形成探索、求实、团结、进取的学风等。

（3）近景目标。近景目标是每个具体阶段的教育所要达到的目标，如抓好课堂教学的纪律、搞好个人和教室卫生、做好课前预习和准备等。此外，近景目标还应该体现在每次精心设计的教育活动之中，开展教育活动的目的是培养学生的集体主义精神和助人为乐、热爱劳动的优良品质，以及一定的组织能力和实际操作能力等。近景目标往往带有具体性和可操作性的特点。

---

① 弗洛姆的期望理论阐明了激励职工的方法：某一活动对于调动某一人的积极性，激发出人的内部潜力的激励（motivation）的强度，取决于达到目标后对于满足个人的需要的价值的大小——效价（valence）与他根据以往的经验进行判断能导致该结果的概率——期望值（expectancy），即 $M = V \times E$。

远景目标是班集体建设的最终目标。班集体的全部工作都是为了使全班学生朝着这个方向去努力奋斗，但这是一个渐进的过程，这个过程要成为学生自我教育的过程，要使学生懂得：每个班集体目标的实现，都是全体成员共同努力的结果。通过班集体发展目标的制定，全班同学齐心协力，从而增强班集体的凝聚力和向心力，促使班集体尽快发展为优秀班集体。

2. 按目标范围分类

班集体自身的复杂性，决定了班集体发展目标的内容也是十分复杂的。按照目标范围，班集体发展目标可分为以下类型。

（1）班集体全面发展目标，这是体现整个班集体发展方向的目标。班集体全面发展的目标应当包括各个方面，其总体要求是，把德育放在首位，"五育"统一，和谐发展。具体而言，第一，在制定德育目标时，应以德育大纲、学生行为规范和守则为依据，并且参照学校及其各级组织的德育工作计划，同时要结合自己班集体的具体情况。智能开发理论、学校的教学计划和要求，以及各任课课教师根据教学大纲、学生实际所提出的目标期望，可作为班集体智育目标制定的基础，学习水平、合格率、优秀率均可作为智育的具体指标。第二，智育目标的制定要侧重于学习的态度、方法习惯和能力的培养，要创造和烘托出整个班级的学习气氛和良好的智育氛围。第三，体育教学大纲与学生身心发展特点及需要的有机统一构成了体育目标制定的依据。体育目标的制定还要考虑本班集体的学生特长和全面发展的结合问题，如本班学生篮球、足球或排球爱好者、擅长者居多，就可以以上述球类为特长项目发扬光大；若本班学生田径是强项则可以此为特色、为龙头。同时要兼顾弱项，要使身体的各个部分都得到锻炼，这就需要贯彻全面发展的体育目标。由长短项的结合来加以完善体育目标不仅可以使学生得到全面发展，全方位增强身体素质，而且有助于集体凝聚力和荣誉感的形成。

（2）班集体组织管理目标。要使班级的全面发展目标得以实现，就必须抓好班集体组织管理目标的落实。班集体的组织管理目标是实现全面发展目标的保证，是达到全面发展目标的组织条件和环境条件。班集体的组织状况、纪律与规范、舆论和班风以及人际关系状况都属于组织管理目标的内容。第一，班集体组织状况方面的目标包括班委会的工作组织，学习小组、各类服务小组、课外活动小组的形成和组织。同时班内组织网络的形成与完善，班集体内核心和骨干的形成和扩展，各种组织的功能发挥都要列入相应的目标之中。第二，班集体的纪律、规范目标，应体现德育大纲中有关纪律的要求，量化中体现出学生行为规范和守则中的水平和要求。可视本班具体情况，适当增加一些更为具体和有针对性的要求。第三，班集体在一定时间内形成何种状况的舆论和班风是班集体舆论和班风目标的核心内容，在这一内容中要体现全班上下的凝聚力和向心力，要贯彻集体主义原则。对具体小项目也要统筹规划并予以列出，要求学生从小事做起，从一点一滴开始。对班集体的师生关系、同学关系和群体关系的要求，形成了班集体的人际关系目标。良好的人际关系是班集体建设的环境条件。人际关系目标应包括消除不良人际关系的要求。

（3）小组与个人目标。小组是班集体的细胞，在整个班集体建设中离不开各个小组的协同努力，各类不同小组目标的制定就显得尤为重要。由于各类小组的内容和职能有所不同，在小组目标制定的过程中要围绕班集体的总目标而展开自己独立的目标要求。此外，班集体中的每个成员也都应有自己的目标。

（三）班集体发展目标的制定

班集体发展目标的确定，不仅要考虑社会发展的要求，而且要考虑学校的具体培养目标和班级各方面的实际情况。

1. 班集体发展目标的制定依据

（1）以教育科学理论为依据。教育科学理论是教育科学行为的先导，它有助于班主任更深刻地认识班集体活动的特点和规律，使班集体目标的制定更加科学。因此，班主任只有自觉地学习教育科学理论，提高理论修养，才能根据实际制定出科学合理的集体目标。

（2）以班集体的现实条件为依据。班级现实条件包括人、财、物、环境因素与社会关系基础。确定集体目标要进行条件分析，既要看到班集体的优势，又要看到班级问题；既要看到学生的现状，又要看到学生的潜力，从而制定出既能充分发挥优势又能解决薄弱环节的目标，使集体目标具有挑战性和激励性。

2. 遵循班集体发展目标的制定原则

班集体发展目标的确立有其基本原则，确定班集体发展目标要符合这些一般要求，以使班集体发展目标更具科学性。

（1）全面性与重点性统一原则。确立班集体发展目标时要考虑到班级的全面工作，全面体现班级的基本任务，使班级的各组织及其成员都有明确的目标要求，以体现其全面性。同时，确立班集体发展目标时又要抓班级工作的主要矛盾，抓住关键，突出重点，以体现其重点性，从而使确立的班集体发展目标既有普遍要求，又抓住了关键，既体现了全面要求，又突出了重点。

（2）一致性与灵活性统一原则。班集体发展目标应该是国家培养人才的目标和学校教育目标在班集体建设中的正确反映，班集体发展目标要同国家的教育目标和学校的教育目标保持一致，使目标与总目标保持一致，以保证上级目标和学校目标的实现。同时，班集体发展目标是全班师生共同努力的方向，是全班统一认识和行动的纲领，确立班集体发展目标又要从班集体的实际出发，充分发挥班级的优势和长处，使班集体发展目标具有一定的灵活性，以充分发挥班级的主观能动性。

（3）激励性和可行性统一原则。班集体发展目标要具有一定的挑战性，能激励学生奋发向上，具有一定的难度，学生经过努力才能达到。与此同时，班级发展目标也不应定得太高，要符合学生的身心特点、思想觉悟、生活经验及集体发展水平等实际状况，并为多数学生所认同，做到切实可行。

（4）具体性和数量性统一原则。班集体发展目标应让学生看得见、摸得着，做到行动有明确的方向、检查有依据、考核有标准，因此，确立发展目标要具体、明确，尽可能以量化的指标描述。对于难以量化的目标，也应尽量地具体化，并制定出衡量的标准，以便实施和考核。

（5）中心性与渐进性统一原则。班集体发展目标是全班师生为之努力奋斗的方向，也是班级工作的出发点和归宿。班集体发展目标的实现有一个过程，班级的一切工作都要以发展目标为中心，密切联系日常的学习、工作、活动，并用它来检查督促班级的各项工作，使之真正成为推动班集体建设不断前进的巨大动力。与此同时，一个近期目标实现之后，经过认真总结，及时根据中长期目标提出新的近期目标，并努力达到中期目标，及至长期目标，使之成为一个前后衔接、循序渐进、不断提高和深化的过程。

（6）集体性与个体性统一原则。确立班集体发展目标，应充分发动群众、发扬民主、发挥班集体的智慧和力量，提出多种方案、择优决策。在确立班集体发展目标时，既能保证集体目标的质量，又重视了学生的个人目标，把二者很好地协调起来，就能使全班学生形成一个坚强有力的集体，共同为实现班集体目标而努力奋斗，也使每一名学生的个体目标与集体目标保持一致。

3. 班集体发展目标的制定方法

（1）班主任定夺法。班主任定夺法是班主任做出决断并向班集体提出要求以作为其目标的方法，它通常用在班集体的初建时期或班级暂时处于散乱的状态，这种方法有很大的局限性，突出地体现在不利于调动班级成员的主动性和积极性。因此，它要求班主任在提出要求之前必须深入学生中进行细致的调查研究，尽可能地了解并吸引学生的愿望和要求，以确立目标；在目标提出以后还要做反复的讲解、动员，使目标逐步转化为学生自觉努力的方向。

（2）师生共商法。师生共商法是由班主任同全班学生或干部一道讨论确立集体发展目标的方法，一般用于发展状况良好的班级。采用这种方法能确保目标的可行性，它可以集思广益，使提出的目标更符合实际；能增强激励性，因为它可以满足学生的情感需要，使提出的目标更易内化为学生的自觉需求，并主动为之奋斗；能加强合作性，因为它可以使学生和班主任沟通感情，使教育的目标更具有凝聚力；能培养学生的自觉性，因为它有利于培养学生自我调整、自我教育的能力。

（3）目标分解法。目标分解法是指根据不同的情况、按不同的需要对班集体发展目标进行分解和优化组合的一种方法。目标分解法包括三种方式：①具体化目标方式，即把学校总的教育目标具体化为班集体的目标，再根据集体中每个成员的不同情况提出在德、智、体全面发展方面的具体要求；②系列化目标方式，即把班集体发展目标分为近期、中期、远期等系列，结合班级特点和具体任务分步骤实现；③针对性目标方式，即针对班集体存在的问题而提出的活动要求。

（四）班集体发展目标的确立路径

1. 提出总体目标

班主任要根据国家和上级指示以及学校培养、管理目标，在调查研究和科学预测的基础上提出总体目标草案。同时，要利用各种途径向学生宣传介绍目标管理的意义，激发学生对班集体目标制定的关心和参与意识。

2. 制定具体工作目标

组织学生研究分析班情，讨论整体目标，分解整体目标，制定各项具体工作的目标。通常而言，总体目标的分解包括两方面：①按德、智、体、美、劳的要求和班集体目标及学生的心理特点，可将长远目标按学年、学期、学周等分解成班集体近期目标；②要求学生根据班集体长远目标和阶段性目标以及自身特点，制定出个人长远目标和近期目标。分解后的目标，应尽量与整体目标保持一致，应包括指标、措施、进度和自我预测等，以便统一、平衡和协调。

3. 综合各方面目标

班主任将班集体各方面的目标集中起来，加以分析和综合。良好的目标系统特征包括：①统一性，即使每个具体目标都成为整体目标的组成部分，并服从整体目标；②具体性，即班集体目标应尽量数量化，明确具体，便于检查和验证；③激励性，即目标的要求程度与班集体成员的能力水平大体相符或略高，既要比较先进，又要留有余地，有利于激发班级学生的积极性。

三、打造优秀班集体的措施

（一）构建班集体的核心队伍

一个班集体由许多学生组成，只有形成了核心并发挥核心的作用，才能成为有活力的班集体。形成班集体核心，主要是选拔和培养学生干部和积极分子的问题，这是班集体建设的重要内容之一。班主任工作能否顺利地开展和取得应有的效果，在相当程度上要看班干部的能力和作用发挥得如何。而班干部的能力和作用，则是与选拔和培养工作做得如何密切相关的。

1. 选拔班干部

班级是培养学生的一个基本单位，是培养学生全面发展的摇篮。在班级形成和建设过程中，一个好的班干部队伍，不但是班主任管理班级的有力助手，而且还能带动全班同学创造良好的班风和学风，促使全班同学团结和谐，奋发向上。

（1）班干部选拔的方式。选拔和任用班干部有多种形式，主要包含以下方面。

第一，班主任任命制。作为刚入学组建的班级，各方面工作千头万绪，尚未走向正轨。组建临时班委会不但有利于班集体的形成，更有利于开学后各项活动的开展。而选拔班干部必然要全面了解学生情况，更要重点了解哪些同学以前担任过什么样的学生干部职务，同学和教师的评价如何等。根据这些材料，列出班干部的候选人，分别请这些同学面谈。在谈话过程中，班主任要了解学生对于担任班干部的想法、意愿以及工作方法、原则等并做相应的记录。有了这些资料，选拔时方向就比较准确，可以避免选用不合适的人。在班干部人选已经基本确定后，可以有意识地布置一些具体的工作让他们做，在开展工作的过程中，班主任要注意观察他们的组织能力、解决问题的能力、工作态度和工作作风。然后根据所掌握的情况，从中选定学习较好、工作能力较强的学生担任临时班委的重要职务，注意任期不宜太长。经过一段时间的相处，同学之间有了较全面的了解后，再进行及时的调整，这种方式在新生入学之初，可以比较高效地组建班干部队伍，使得班级建设尽快步入正轨。当然，在程序上还应该民主一些，任命时一定要向全班同学说明任期，一方面可以督促临时班干部更积极主动地工作，另一方面还可以让更多的想担任班干部的同学明确还有机会。

第二，民主选举制。对于已经形成的班集体，每隔一定的时间也要通过班干部测评、民主选举等方式及时调整班干部队伍。民主选举的优点在于能让更多的学生有展示才华的机会，使选出的班干部有深厚的群众基础，有利于在实践中培养学生的民主意识和竞争意识，使各种人才脱颖而出。

第三，综合选拔制。综合选拔制是结合任命式和选举式二者的优点综合考虑选拔班干部的一种方法。对于开学之初指定的临时学生干部，一般以开学到第一次期中考试作为一个考察期。在此期间，通过开展一些有针对性的班级活动，同学之间已经有了比较充分的了解，班主任对每一位学生也有了较深入的认识。此时，班主任根据自己考察的情况并征求部分学生意见后，经充分酝酿，通过推荐、自荐等方式提出班干部候选人名单，由全班学生以投票方式进行表决，按每人得票多少来决定班干部人选，这种方式能够比较公正、客观地反映出班主任与学生各方面的意见，让更多的同学参与竞选，同时选举出来的班干部又具有广泛的群众基础。

（2）班干部选拔的标准班干部应该是一个德、智、体、美、劳全面发展的优秀学生。从班干部任职要求的角度而言，还应注意以下四点：①有为集体服务的思想和热情；②是非界限比较明确；③能够以身作则，团结同学；④具备一定的工作能力和某些方面的特长。应该说明的是，以上四点既是班主任了解选拔班干部的依据，也是教育和培养班干部的主要内容，因为学生干部的身心品质不是自发形成的，而是在班主任的不断教育和学生自身的实际锻炼中逐步形成与完备起来的。在挑选班干部的时候应该考虑这一点，从实际情况出发，在比较中加以取舍，而不应事先带着框框、苛求十全十美，重要的问题在于今后的教育和培养。

一般情况下，班主任新接一个班级，不要立即建立班集体核心。因为一方面班主任需要对班干部人选做深入的了解和考察，另一方面也要使全班同学对班干部的思想品质和工作能力有所了解，这些都需要一定的时间。因此，班主任必须先通过查阅学生档案、家庭访问、与原班主任或任课教师联系之后，确定人选，成立临时班委会。临时班委会的工作不能太短，一般以六周左右为宜。在这段时间内，班主任可以从会议、工作和个别接触中对班干部人选做进一步的了解，也可以特意布置一定的任务进行"火力侦察"，从检验学生能力中进行了解。在临时班委会工作期间，班主任要指导和帮助他们开展班级日常工作，并且还应组织1~2次班级集体活动，不仅让临时班委会干部，而且也让全班学生都有发挥其特长、为集体服务的机会，这也是选拔班干部的良机。

在入选确定以后，班主任要有意识地表扬那些经过了解、考察后认为合格的班干部的优点，包括他们的道德品质、工作态度和能力等，帮助他们在同学中树立威信。在选举工作中，班主任要发扬民主，尊重大多数学生的选择。班委会的选举工作要认真准备。选举会应开得隆重、严肃，可以有一定的仪式，如当场竞选演说、当选干部代表发言等，这对当选的班干部和全班同学都是一次教育，也有助于树立班委会的威望。选举以后，要立即召开新的班委会，进行分工，明确职责，立即开展工作，并尽可能使班委会成立以后出现一些新气象。

2. 培养班干部

（1）培养班干部学会做人。学会做人是现代教育"学会认知、学会做事、学会共处、学会学习"目标的重要体现，在培养学生干部时，应将教学生做人放在第一位。学生干部的工作很大一部分是处理人际关系的工作。对于同一件事，善于处理人际关系的学生干部做起来得心应手。在与学生干部交流的过程中，班主任除了跟他们探讨活动本身的工作方法、过程优化和效果外，还应提醒他们反思在为人方面需要改进的地方，要照顾到合作和参与的其他同学的情感和感受，跟他们一起反思和探讨怎样可以做得更好。经过一段时间的提醒、强化和磨炼，有些班干部对工作就会考虑得更周全，更加能得到同学和教师的认可。

（2）与班干部探讨工作方法。学生干部的工作开展是否顺利，工作效果是否能得到师生的认可，很多时候取决于工作方法是否得当。班主任平时应重视与学生干部探讨处理和解决问题的有效方法。例如，怎样统筹安排同时要做的工作，如何调动同学参与活动的积极性，如何引导同学在个人利益与集体利益冲突的时候做到顾全大局等问题。有了这些方法，班干部工作起来就会得心应手。

（3）树立班干部的威信。班干部威信高低、执行力强弱直接影响着班级管理工作的效果和质量。为了让班干部在同学中尽快树立起威信并顺利地开展工作，班主任应严格要求班干部必须重视自身修养以及在纪律、学习和生活等方面的表率作用，并注重对他们自我管理能力和自我控制能力的培养与提高。此外，对班干部的工作也予以热情帮助与支持。如果工作有了进步或取得成绩，一定要及时在全班同学面前给予表扬、肯定；一旦工作中出现失误，要与当事人沟通，鼓励他们及时承认错误，并表达积极改进的决心，必要的时候和他们共同承担责任，这样做既充当了班干部强有力的后盾，也帮他们在班集体中树立起了威信。

（4）给予班干部充分信任。通过精心的选拔，班主任选出的班干部一般都具有较强的工作能力。再加上一段时间的锻炼和培养，整个班干部队伍在工作上已经表现得比较成熟，具备一定独立开展工作的能力，班主任应鼓励班干部大胆放手工作，并全程关注他们的工作情况，以便必要的时候给予建议和支持。一般是建议他们在工作之前先列出流程，然后设定主要负责人，必要时班干部队伍中的多数同学都参与到活动中，鼓励非班干部同学参与活动。在工作过程中，注意分工明确，责任到人，同学之间相互支持和帮助。通过一系列的活动，不但能够锻炼班干部的工作能力、协调能力，发挥他们的创造性，同时培养他们的团队合作精神，而好的工作效果又能得到同学的认可，树立班干部的威信。班干部是班主任的得力助手，班级管理的核心力量。培养班干部需要教师有智慧、有策略、有方法。班干部队伍对班集体有着"以点带面"和"以面带全"的作用，班干部队伍直接影响班级的班风与学风建设。实践证明，做好班级管理工作，必须依靠一支优秀的班干部队伍，班主任一定要重视班干部的培养工作。

3. 班干部工作的开展

（1）用其所长。班主任要充分发挥班委成员的各自特长，让其主管自己擅长、自己喜欢的工作，使班委对自己分管的工作有能力、有兴趣去完成。同时还要充分调动其他同学的积极性，充分发挥全班同学各自的特长，调动同学的积极性，活跃班级生活，使同学更加关心班集体。

（2）尊重爱护。班主任要积极主动帮助班干部解决工作中的困难，指出其自身以及工作中的不足。对班干部工作中的失误，班主任要及时指出并提出改进意见。对班干部自身的不足，班主任要提出努力方向，使班干部的威信和能力不断提高。

（二）完善班集体的组织结构

从根本上而言，班级是一种教学组织形式，伴随着班级的不断发展，其组织结构也得以不断完善。班集体组织结构是一种组织中的工具性角色结构，它对班集体的健康发展，特别是对学生人格的养成和能力的提升发挥着十分重要的影响作用。因此，班主任必须重视班集体组织结构的建设和完善。

1. 班集体组织结构的内容

从总体上而言，班集体组织结构的内容主要包括以下方面。

（1）班集体愿景的确立。在实际的班级管理活动实施前，班主任应当对班集体愿景进行设计，并制订出班集体愿景实施方案。班主任预先设计的班集体愿景要成为班集体组织结构的组成部分，就必须把班主任所设计的班集体愿景转化为班集体组织的实际愿景，这就是班集体愿景的确立。班集体组织愿景的确立是一个过程，包括班主任提出班集体愿景、班集体成员结合自己的愿望讨论班集体愿景、最终达成班集体愿景共识三个阶段。

第一，提出班集体愿景。班主任把自己设计的班集体愿景向全班同学介绍，以使班集体成员了解班集体愿景，从而为班集体愿景的确立创造条件。班主任提出班集体愿景必须考虑特定年龄阶段学生的语言特点，班主任也要把自己设计的班集体愿景向任课教师和学生家长介绍，使班集体愿景能够成为包括任课教师和学生家长在内的共同愿景。

第二，讨论班集体愿景。班集体愿景只有成为班集体成员的共识才是实际的存在。而要使班集体成员达成愿景共识，班主任就必须让班集体成员对班集体愿景展开深入的讨论。在组织班集体成员对愿景进行讨论时，班主任要注意加强对学生的引导。学生的年龄特点以及他们作为班集体成员的角色，使得他们并不能自觉地从班集体整体来考虑问题，这就需要班主任对学生进行班集体组织生活的介绍，让他们知道如何过组织生活。经过班集体愿景的讨论，班集体愿景逐渐融入学生个体的愿景之中。

第三，达成愿景共识。要达成全班愿景共识，班主任就要对班集体愿景的讨论结果进行评估。评估的重点可以侧重于：①学生是否充分理解自己的愿景设计，如果学生不能够充分理解，就需要进一步向学生做出说明，如果大部分学生始终不能理解班主任的设计愿景，就要反思愿景的适切性，并进行适当的修改；②愿景设计是否符合班级学生的发展实际，设计的愿景如果低于或高于班级学生的实际情况，都要进行一定程度的修改；③愿景设计是否充分吸纳学生个体的积极意愿，积极吸纳班集体个人的意愿，必定能够使愿景充分彰显其个性，也必定会为班集体大多数成员所认同和接受。

（2）班集体组织机构的建立。班集体作为正式的社会组织，要具有一定的组织机构。组织机构的建立往往能为班集体的正常运行提供坚实的基础。一般而言，班集体中的正式组织机构主要存在以下形式。

第一，班委会。班委会是班集体的核心组织，其成员由班主任任命或由民主方式产生。班委会设班长、副班长、学习委员、宣传委员、文艺委员、体育委员、生活委员和劳动委员等。班委会的产生方式应视班集体的具体情况而定。低年级班委会可在班主任指导下民主选举产生，也可任命。高年级可以充分发扬民主，也可竞选产生。班委会下可设四至五个行政小组，并选出相应的组长。班委会在班主任的指导下，由班长领导，相对独立地开展班集体的各项工作。在班委会的建设中，班主任要根据学生自治能力发展的可能性来发挥其作用，既不可低估也不能高估学生的自治能力。

第二，值日班长。值日班长负责检查督促班集体各个岗位的工作，处理班集体当天发生的事情，协助班主任安排当天的工作，并负责对班集体各项工作及时进行总结。实行值日班长制度，班主任需要进行精心的指导，以便使更多的同学都来关心班集体的工作，并在工作获得锻炼的机会。

第三，各种类型小组。学生是班集体建设的主体，班主任必须给每个学生创造一个表现自我、发展自我、塑造自我的空间，要在班集体内部建立各种类型的小组，实行组长负责制，并定期轮换，以使更多学生都能得到锻炼的机会。例如，学习小组、文艺小组、兴趣小组、体育小组等。学生在各个小组内能够有效地开发自己、展示自己，得到锻炼。班集体机构的建立并不是一蹴而就的，它往往要有一个较长的完善过程。从促进学生发展的目标出发设置机构能有效地开发学生个体的聪明才智，培养班集体骨干及班集体成员的主人翁意识，从而使组织机构成为班集体建设的支柱。

（3）班集体组织规范的制定。班集体规范的形成一般要从组织规范的制定入手。班集体组织规范就是班集体成员在日常教育教学活动中必须共同遵守的行为准则。班集体组织规范不仅有国家制定的，也有学校和班级自己制定的；不仅有显性的，也有隐性的；不仅有倡导性的，也有禁止性的；不仅有强制性的，也有自愿性的。

第一，班集体组织规范的作用。班集体组织规范所发挥的作用可以从四个方面加以分析：①协调班集体与个人的行为，以保证共同活动的目标得以实现。②保护班集体与组织中个人的权益，一方面个人要服从组织，维护组织的权益；另一方面组织也要保障个人的发展权益。③塑造作用。班集体倡导性的规范为学生提供了行为参照，班集体规范成为学生的行动指南和行为准则，并潜移默化地塑造着学生的行为。④警示作用。班集体规范中的禁止性规范起着防范作用，用以警示班集体中的每个成员。

第二，班集体组织规范体系。制度与行为规范是班集体组织规范的内容，舆论与班风是班集体组织规范的支持力量。首先，班集体制度使班集体教育和管理行为有章可循，使班集体工作常规化和制度化，从而有利于稳定教学秩序，提高教育质量。班级制度一般是以文字形式加以表达的，用以指导、约束班集体成员的言行，协调和联系班集体组织成员之间的关系。班级制度必须组织全部同学共同参与制定，制度的内容涉及教育教学、日常生活、考核评价等各个方面，以此来统一班集体成员的行动。其次，行为规范主要是指学生所要遵循的行为准则，包括对学生仪表、品德、生活方式等的要求，人际交往中的要求，以及学校集体生活的要求等。

第三，制定班集体组织规范的要求。制定班集体组织规范要讲求实效，班集体规范的效果，取决于学生的遵从水平。学生遵从规范存在着三种不同的水平，即服从、认同和内化。首先，在班级初建阶段，学生对规范的认识是服从，学生在外力的控制下对规范的遵从，是为了获得奖励或避免受到惩罚；其次，随着班集体组织的发展，班集体组织规范逐渐被学生所认同，认同是学生以他人为榜样进行模仿而表现的遵从；最后，当班集体组织达到成熟阶段时，班集体规范就会内化为成员的行动，内化能够使学生真正认识到规范要求的重要性、正确性以及它的社会价值，认为自己必须按照规范行动，把规范转化为行为的要求，这样，规范逐渐就会成为个人较为稳定的观念和行为习惯。要想使班集体的建设有序进行，班主任就要在学生对规范已有认识的基础上加以引导，从而使班集体大多数学生达到规范内化的水平。

2. 转换班集体组织结构

伴随着管理科学、教育学、组织行为学、心理学等学科的发展，以及基础教育改革的深入推进，班集体组织结构范式也正经历着变革和转换，这种变革和转换主要体现在以下方面。

（1）班主任角色的重新定位。班主任角色的诸多隐喻，如家长、生活导师、精神向导、引领者等都未能揭示班级整体概念的内在属性。班级组织是一个多变量系统，包括人员、结构、资源、技术、任务，与外界不断发生着信息与能量的交互渗透。因此，班主任工作具有综合性和创新性。班主任应当是领导者，发挥其领导职能。领导是通过战略视野的架构和策略的改进，总结班级工作的基本任务和原则，探索决策、指挥、管理、用人的方法，揭示班级组织活动的特点和规律，使班级领导科学化、高效化。

班级领导包括目标领导、价值领导、道德领导、专业领导、文化领导等多个方面。班级组织领导包括五项基本职能：第一，确定班级发展的目标与方向；第二，培养人才，组建班、团、队干部；第三，创设必要的制度与环境，充分授权；第四，激励、协调与沟通；第五，评定班级工作绩效。

（2）班级自组织系统的完善，班级组织是一个小型社会，是学习共同体。班级管理需要建立灵活、灵敏、柔性和富有创造性的横向自组织系统。以"兴趣主导，任务驱动"为基本指向，根据学科特点、现实问题、学校资源、学生个性特征、当地文化生态组织各种小型部落，如各科兴趣小组、记者团、读书会、学生论坛、调研协会、英语沙龙、体育俱乐部、话剧组、创作协会、环境志愿组织等。

班级自组织系统具有特点包括：①基于个人兴趣而非外部要求，有充分的激情干好自己的事；②通过个人潜能、性格、专业化水平自行分配职责；③组织内部目标一致，通过协商而非竞争解决面临的问题；④运用首创精神和进取心，欢迎创造性和新事物；⑤利益共同体，要求勤奋，注重节约；⑥知识往往在非特定地点、环境和时间通过实践和交往而获得。

班级自组织系统的完善是以个人自由以及人与人之间的权利平等为基础，以保证学习中的个人自由和权利平等，方便个人有效谋取自己的教育利益为特色的组织范式。相对于班级组织的前后左右有序的矩阵式以及自上而下、上传下达的职能式组织排列方式，班级自组织系统则表现出自创生、自生长、自适应的动态运行过程。在自组织之间的相互作用下，知识呈现多重组合与交融样态，学生通过与环境的交互作用形成对现实状况的理解，在丰富多彩的生活世界中形成对生命的体悟。

（3）参与式管理模式的建构。参与式管理的特点在于：在管理目标上倾向于按学生自身需要订制，灵活地自发调整；组织设计上强调学生的团队精神和创造性，集中于核心学习任务，学生集体合作攻破难关；学生留有对实际问题的决策余地，以及对学业水平的自我控制；依赖激励与惩罚机制以自我推动的方式，进行自发性横向交流；参与协商，共建班级文化，通过开创具体学习项目活动以增强学习潜能和创造潜能，以及集体对新信息的反应性；强烈的集体责任感迫使对落后者提供帮助以实现集体效能。参与式管理的最高理想是适应多样化情境，追求高思维水平和高积极性的合作者以应对复杂的学习任务。

学生自主管理主要体现在六个方面：第一，参与教学过程，建立学生反馈相关教学信息的长效机制，教师与学生之间"融合式"探索教学中存在的问题和学生的实际需求，提倡教学互动，实现教学相长；第二，参与班委的组建，班委会不是通过班主任任命而是通过学生民主选举产生，建立班委会定期选举制度和监督机制，畅通学生对班级管理的各种渠道，使每个学生都能建言献策；第三，参与班级制度建设，学生通过科学调研形成针对实际问题的议案，通过小组讨论，形成班级制度草案，再通过民主决议，形成班级管理制度以及班级监督管理制度；第四，参与班级文化建设，以主题性文化活动为主要依托，通过分层次解读人文素质教育内涵，形成班级浓郁的人文氛围；第五，参与组织服务，学生通过加入各类学生组织，参加学生组织的各类活动，能够很好地实现自我教育、自我管理、自我发展，加快自我社会化进程，充分重视新型学生组织和虚拟学生组织的构建，从而引导学生对热点问题的探究；第六，参与实践创新，把学生参与社会实践活动作为素质拓展必修课，要求全体学生利用寒暑假参与各类社会实践和社会调研活动，扶持学生自主参加组建的学生科技团体，与学校整体科研立项接轨，在校园营造浓郁的科技创新氛围。

（4）信息化管理平台的搭建。班级信息化管理具有共享性、开放性、交互性与协作性等基本特征。共享性是信息化的本质特征，它使得大量丰富的教育资源能为全体学习者共享；开放性打破了以学校教育为中心的教育体系，使得教育社会化、终身化、自主化；交互性能实现"人—机"之间的双向沟通和"人—人"之间的远距离交互学习,促进教师与学生、学生与学生、学生与其他人之间的多向交流;协作性为教育者提供了更多的"人—人""人—机"协作完成任务的机会。

班级信息化管理主要包括三点:第一,搭建资源共享平台。以学生和教师两个信息库为出发点,关注学生的成长和教师的专业成长,注重学生和教师的长远发展。整合学生的学籍、成绩、考勤、宿舍管理以及成长记录档案等建立学生信息库,通过收集整理教师的基本信息,建立教师信息库,实现师生资源共享。第二,建立教师、学生及家长之间的沟通机制。随时公布班级特色、组织结构、班会、班级活动及文化建设,使教师能够在第一时间掌握班级动向,使班级管理工作保持动态开放状态。与此同时,学生能够通过信息平台及时了解班级管理工作,对班级工作提出意见和建议,有利于推进民主化管理进程。家长可以随时了解学生在班级的表现和学业状况并能和教师保持沟通,有针对性地配合学校工作。第三,形成科学、公开、透明的信息化评价机制。信息化评价是评价者运用信息化标准对评价对象的各个方面进行量化和非量化的测量过程,并最终得出一个可靠的结论,是客观、科学地反映信息化水平的重要手段。信息化评价从主体上体现了学生自评与互评的多主体性特点,从性质上体现了形成性评价和终结性评价、量化评价与质化评价相结合的特点。

3. 健全班集体组织制度

班集体组织制度是班集体成员在教育教学和日常生活等活动中必须共同遵守的行为准则,它一般以文字的形式表达一定的行为规范,用以约束班集体成员的言行,调节集体内部的人际关系。

(1) 班集体制度的分类,主要包含以下方面。

第一,职责类制度。职责类制度是班集体管理中最基本的制度,建立班级管理的责任制,是班集体制度管理中一项十分重要的工作。班集体管理人员的岗位职责,根据目前的组织设置,主要包括班主任工作职责、任课教师工作职责、班长和副班长职责、学习委员职责、生活委员职责、劳动委员职责、体育委员职责、宣传委员职责、课代表职责等。

第二,常规类制度。常规类制度是把班级大量反复出现的日常管理事务,按其各自内在规律与学校要求,制定出师生都必须遵循的规则,使之成为正常状态下相对稳定的工作准则和行为规范,以保证正常的学习和工作秩序。班集体常规类制度,就学生而言,最主要的是学生守则和学生日常行为规范,有课堂规则、作业规则、考试规则、课间操纪律、实验规则、劳动纪律、请假制度、卫生保健制度、爱护公物的规定、讲文明懂礼貌的规定等。

第三，考核类制度。如果仅有职责类和常规类制度，而没有与之配合的考核类制度，那么职责与常规中的要求就不易落到实处，因此，考核类制度对其他制度的贯彻执行具有保证监督作用。由于考核类制度是根据其他制度中的要求来制定的，这就使不同班集体的考核制度无论从数量上还是内容上，都可能有较大的差别。一般情况下，就学生而言，可以制定德、智、体、美、劳各个方面的单项考核制度，也可以制定整体工作的综合性考核制度。

第四，奖惩类制度。奖惩类制度是与考核类制度相配套的一项重要的管理制度，考核类制度只有与奖惩类制度结合起来使用，才有它的现实意义。奖惩类制度只有以考核类制度为基础，它的效用才能得到最佳的发挥。因此，考核类制度与奖惩类制度是相辅相成、协同作用的。班集体管理中的奖惩制度，与学校中的奖惩类制度有着较大的差别，一方面，它没有经费，只有精神性奖励，而没有物质性奖励；另一方面，它没有处分学生的权力，一般只有批评教育，而没有行政处分，但有向学校反映和建议的义务和权力。班集体管理中的奖惩制度，一般比较单一而不太复杂，但这并不意味着它可有可无。如何科学地制定并有效地运用奖惩类制度，使之发挥良好的教育作用，仍然需要班主任发挥创造性，深入进行研究。

（2）班集体制度的内容，主要包含以下方面。

第一，教育部门制定的制度。教育部门颁布的各种教育政策，虽然从整体而言有些不是直接针对班集体及学生管理的，但其中有些内容和条文是属于班集体管理制度范围的，因而在班集体制度管理中，必须很好地加以运用。除此之外，也有一些规范和制度是直接针对学生管理的，如学生守则、学生日常行为规范等，可以直接列为班集体管理的基本制度。

第二，学校制定的各种制度。学校制定的各种制度是学校根据上级政策要求所制定的各种常规制度和实施细则中有关班集体和学生管理制度的部分。在学校制定的一系列管理制度中，大部分对班集体各项工作的管理是具有直接指导意义的，有的完全可以移植、改造和具体化为班集体制度，如请假制度、考核制度、奖惩制度、课堂规则、作业规则等。

第三，班集体制定的制度。班集体制定的制度是班集体根据党和政府及教育行政部门和所在学校的要求，结合班集体实际情况而制定的具体制度，这些制度的内容一般都比较明确具体，大部分是上级各种规定和制度的具体化。当然，也有不少是为班集体管理而单独制定的制度，这些制度虽然从数量上不是太多，却是体现班集体管理，特别是制度管理特色的一个重要方面。

（3）班集体制度制定的要求。建立健全班集体制度是班主任实施制度管理的前提条件，班集体制度不仅是师生行动的指南，而且是检查评比、总结奖惩的重要依据。能否建立一套切实可行、行之有效的班集体制度，直接关系到班集体建设的成败。为此，需要做好以下方面的工作。

第一，统一认识，发挥班集体制度的积极作用。一个班集体如果没有一套合理的并得到彻底实行的管理制度，师生就没有行为规范的合法界限。因此，在这个问题上，班主任应教育集体成员统一认识，保持清醒头脑，发挥集体制度的积极作用。

第二，注意做到四个方面的统一。①目的性和教育性统一。制定班集体制度的根本目的是育人，是为了调动、发挥和增强班集体成员学习和工作的积极性和创造性。②政策性和规律性统一。班集体制度应该符合党和国家的方针政策，特别是有关教育法规，同时应符合教育教学及管理过程的客观规律，以及学生的身心发展规律。③民主性和群众性的统一。要在充分发扬民主的基础上，进行必要的集中，以使集体制度得到集体成员的认同，增强群众基础，为贯彻执行创造条件。④求实性与可行性统一。要深入调查研究，摸清班情，切实根据需要和可能来确定制度的内容和条文的多少。

第三，增强各制度间的内在联系。制定好各项制度是十分必要和重要的，还必须努力增强各项制度之间的内在联系，使之形成合理的结构，组成一个有机统一的整体，发挥出整体的效应。班主任必须努力加强新旧制度的前后联系，同时补充新内容，必须坚持批判性和继承性的统一。在制定制度时，应从班集体的全局整体来考虑，看有无必要制定某一制度，应该规定哪些内容，这个制度与那个制度的关系怎样，这一条与那一条的联系如何，从而使各项管理制度的条文相互依存、相互照应、相互渗透，较好地发挥整体大于部分之和的功能。

（三）形成正确的集体舆论

在班集体的影响因素中，集体舆论占有突出的地位。正确的集体舆论是学生自我教育的手段，也是形成和发展班集体的巨大力量。正确的集体舆论的形成，是优秀班集体建立的重要标志。舆论是社会心理学研究的重要内容，它在社会认知、人际交往以及人际沟通中发挥着重要作用，班集体舆论是舆论在班集体这一特定领域的具体反映。

1. 班集体舆论的意义

舆论是群体中占优势的言论和意见，是信息沟通后的一种共鸣。个人在社会中遇到一些事物、现象，必然会产生不同的主观反应。起初这些反应并不统一，但经过彼此间相互作用后，逐渐保留统一，最后形成一种相同的看法并流传开来，便成为舆论，对社会发生更大的影响，并产生连锁反应。一般而言，舆论为大多数人赞成和支持。某种意见，即使有人大力宣传和提倡，但未取得大多数人的赞成与支持，那么这种意见并不能称为舆论。集体舆论是在集体中占优势的为大多数学生所赞成的言论和意见，借助集体讨论，以褒贬形式来肯定或否定集体动向或集体成员言行。一个健全的班集体，需要具备共同的奋斗目标，需要拥有优良的班风和学风，在班集体建设中更离不开正确的舆论导向。在班集体建设过程中，正确的舆论起着至关重要的作用，它是一种无形的力量，保证集体的发展方向，发扬积极因素，扶持班上的好风气、好精神蒸蒸日上，发扬光大，把班上的坏现象和不良思想消除在萌芽状态。

2. 班集体舆论的作用

（1）评价作用。班集体舆论总是反映着班内多数人的意愿、态度和倾向。因此，正确的舆论必然形成一种巨大的影响力，对班集体的矛盾和冲突，对班集体内某些事物的是非、美丑能够进行评论，使错误的东西感到一种压力，并且在压力下不得不发生改变。

（2）同化作用。由于班集体舆论本身产生的压力，使一些班集体成员自觉或不自觉地改变"顺应"，使错误的言论被战胜。不仅如此，班集体舆论的形成是一个传播、扩散的过程，作为一种信息的沟通而引起多数人的共鸣，这是一个认知上的影响过程，同时也是一个情感上的感染过程。

（3）驱动作用。班集体的正确舆论，对一切道德的行为和美好的事物都是一种肯定、支持、鼓舞和激励，因此，它的一个重要功能是在班集体内部产生一种驱动作用。

3. 培养班集体舆论

（1）加强班集体民主作风。班集体舆论是全体学生参与形成的，因此，培养班集体的健康舆论要从加强班级的民主作风开始。无论是建立组织、评比先进，还是班级日常管理，都应采取民主公开的形式，让学生生活在一个公平和谐的集体中，选出的班干部才有凝聚力，评出的先进才有感召力，处理的事情才有说服力，全体班级成员才有主人翁的责任感。这样班集体舆论才能从根本上起作用。

（2）班主任注重以身作则。班主任要善于以自己的言行把班集体舆论引向正确方向，班主任不仅对学生负有教育和管理的责任，并且他的精神风貌往往会成为班集体风尚的重要影响力量。班主任的言行、思想和观点，很容易被学生接受，内化为他们的观点，进而形成一种班级的舆论，这是班主任影响班集体舆论的优势所在。要做到这一点，班主任必须具有高尚的道德品质、健康的精神世界，真正成为学生的思想导师和生活益友，以自己的言行有效地引导班集体舆论向着健康的方向发展。

（3）预测班集体舆论的发展趋向。在一个集体中，舆论不是一成不变的，而是随着内外部环境的变化而不断变化，不同的学年段学生关心的问题是不同的。班主任应当抓住规律，结合对社会大环境和班级小环境的分析，准确预测舆论趋向，从而有的放矢地开展工作。班主任要善于在繁杂的具体事务中研究、归纳出带有普遍的东西，从而有效地引导班集体舆论的走向。班主任可以通过宣讲学校的管理规定和师生的行为规范，指导学生阅读一些有教育意义的书刊和文艺作品，来培养健康的班集体舆论。

（4）培养和形成班集体核心。要培养健康的班集体舆论，最重要的一点就是要形成一个真正代表班集体意愿和要求的核心。一个集体的核心有法定的和自然形成的两种。法定的核心是班干部，班干部是学生的领头雁，是管理班级、形成健康舆论导向的主力军。班主任必须重视班干部的选拔、培养和使用，要选准对象，从严要求，激发热情，树立威信，教给方法。自然形成的核心有成绩优秀的、有良好人际关系的学生等，班主任和班干部绝不能低估他们的作用，要帮助他们提高分析和评价舆论的能力，使他们和班委会一班人真正形成一个集体的核心，一个代表正确舆论导向的核心，这是形成健康班集体舆论的重要基础。

（5）利用评价引领班集体愿景。对于班集体舆论进行客观的评价，是培养健康班集体舆论的有效方法。班主任应不失时机地对班集体出现的舆论加以评价，使学生明辨是非。要利用大力表扬好人好事，组织学生讨论、评议不正确的言行倾向等各种适当的形式，表达集体的正确愿望与要求，使其成为集体中舆论的中心。也可以通过组织学习政治时事、观看纪录片、读文艺作品等，让学生知道占主导地位的社会舆论，使健康舆论成为巩固班集体的强大力量。

（6）遵循班集体舆论形成规律。要在班集体内形成一种共同的意见和观点，必须考虑多数人的需要和情绪，要考虑多数人是否有可接受的心理准备和思想基础，班主任应注意耐心倾听各种学生舆论。班主任可以创造条件，使多数学生的意见、观点能够有相互作用，逐渐汇聚，最终导致趋同的机会。例如，通过组织讨论会、思想交流会等，使正确的言论得以充分表达，发挥其积极的影响作用，并形成一种强大的力量，使集体的健康舆论真正形成。

（7）抓住培养班集体舆论契机。要培养健康的班集体舆论，班主任就要善于抓住一切有利于培养健康舆论的契机。例如，学校运动会、主题班会、课外活动等，这些活动的开展最能体现班级的生命力，最能充分展现学生的个性和思想，检测班级的舆论导向。因此，对于任何一次集体活动，班主任都要严密组织，精心策划，巧做安排。班主任要注意活动的过程，因为组织得法的过程本身就是一个教育过程。活动结束后，班主任要及时予以总结，表彰好人好事，引导学生讨论、评议不正确的言论和倾向发挥班集体舆论扶正压邪、鼓舞人心的作用，是形成健康的班集体舆论的重要手段。

（四）营造优良班风

班风是班级的作风和风气，是班级大多数成员的思想认识、情感意志和精神状态的综合反映，是班级建设的核心和精髓所在。班风由于反映了一个班级成员的整体精神风貌和个性特点，因而也是班级的内在品格与外部形象的体现。班风决定着班级发展的方向，对班级建设有着重要的导向作用。一个班级的班风非常重要，良好的班风一旦形成，就会发出强大力量，增强班级的凝聚力和约束力。

1. 优良班风的主要作用

（1）教育引导作用。班风的形成，在班级成员中产生了集体的感受、情感、习惯和舆论，个人荣誉自觉地与集体荣誉紧密联系在一起，起到了教育人、引导人的作用。第一，表现在对班级思想教育上，共同的理想、信念和价值观，在班级成员中成为共识的言行标准；第二，表现在个人的人际交往、学习和生活中，由班风而形成的价值取向影响着个人的思维习惯和道德品质；第三，表现在当班级中个别成员的言行偏离了班级的共同价值取向时，班级成员对其的真心帮助，班风的教育引导作用便显现出来了。

（2）向心凝聚作用。班风的形成是集体参与的结果。经过班级所有成员的不断努力，逐渐形成了班级成员共同认可的价值取向，因此，班风一旦形成，便成为班集体成员共同的行为准则，产生向心力、凝聚力。第一，表现在班级成员普遍感受到集体的认同感、荣誉感，促使班级成员把集体放在价值体系的重要位置上；第二，表现在班风对每个成员的思想行为、价值取向产生影响，积极向上的班风成为凝聚班级成员的无形力量；第三，表现在这种向心凝聚力的影响下，班级呈现出强烈的归属感、群体意识和团队精神，形成相互帮助、相互宽容、相互支持、共同提高的良好氛围。在以班级为单位参加的活动中，班风的向心凝聚力显得尤为明显。

（3）自觉约束作用。良好班风一旦形成，便形成了一种集体的心理氛围，它以一种潜移默化的形式对班级成员起作用，成为自觉约束班级成员态度、价值观和行动的因素。一方面，班风对班级成员言行、情感意识产生制约作用，个人不良的行为和价值观在班风的强大约束下，逐渐修正，以期达到班集体的认可；另一方面，班风不认可的行为和舆论，在班级成员中受到了自觉抵制，个人的言行在不知不觉中受到班风的制约。

（4）荣誉激励作用。优良的班风能够激励上进，陶冶情操。第一，班集体成员在集体中感受到班集体的温暖、力量，集体给个人带来的荣誉能激发学生积极上进的热情；第二，学习上互帮互学的风气激励学习差的学生努力学习，生活中的相互帮助能建立密切的人际关系，集体的认同感能激励学生养成良好的品质，各项班集体活动中的共同参与和相互鼓励，能激发学生的团队意识；第三，优良的班风能够使成员形成健康、活泼的心理素质。

2. 营造优良班风的措施

（1）充分发挥班主任的引导作用。班主任的引导作用主要体现在引导学生确定班级的奋斗目标。班主任要从国家教育方针出发，结合自己班级学生的实际，引导学生制定班级的奋斗目标。不仅如此，班主任还必须经常向学生强调"目标"意识，鼓舞和引导班级学生为实现班级目标而努力。强化"目标"意识可以两个方面入手：①利用每天晨会时间；②利用学校与班级组织的各项集体活动。集体活动是培养学生荣誉感、班风的最佳途径。学校组织的体育节、艺术节、黑板报评比和班级组织的主题班会、晨会、大扫除等活动，尽量让每位同学都参与其中。由于分工明确，每个人都有自己的职责，学生自然乐在其中，这样每个人在活动中都能体会集体的快乐，感受集体的力量，在活动中班级目标明确了，凝聚力也就随之增强。班主任的引导作用还在于通过抓细节，营造良好班风。教室地面卫生情况、自习课纪律、晨读情况或社团活动纪律等，这些细节都能反映班风的情况。因此，班主任可以从这些细节入手，严格要求，营造良好班风。

（2）积极调动学生的主观能动性。学生是班级的主人，班风建设自然离不开学生的参与，而其中起到核心作用的则是班干部。班干部是班风建设中的核心，肩负着重大责任，他们能带动班级的高效管理，引导班级风气沿着好的方向发展。因此，班主任必须建立、培养一支高素质、高效率的班干部队伍。班主任每次在接手新的班级后，都会细致了解班级学生状况，然后选拔那些在学生中具有一定的威信，而且有一定的工作能力的学生担任班干部，组成一个强有力的班委。学生组成的班委因为本身就有一定的威信，再加上班主任的支持，很快就能打开局面。他们本身就是各方面比较优秀的学生，一旦当选为班干部，他们的表率作用就能充分发挥出来，成为良好班风建设的主力军。班主任要善于用学生中的先进人物和先进事迹在班上树立榜样，给学生树立榜样要分层次，给不同层次的学生树立不同的榜样，这样每个学生都能学习有目标、追赶有方向。与此同时，班主任自身也具有示范性的特点，其表率作用对学生有着特殊的影响，班主任以身作则，对学生而言就是无声的引导。

（3）家校协调配合共创优良班风。学生的成长离不开学校、家庭、社会三个方面的影响。现在的教育是开放的、现实的、全方位的社会活动，良好班风的形成离不开家长、社会的配合。家庭教育不是学校教育的简单重复，也不是学校教育的简单继续，而是和学校教育互为补充的一条重要途径。因此，班主任还要经常和学生家长以及社区、社会有关方面联系，各方紧密配合，共同制定教育措施，及时排除班风建设中的各种影响因素。

第三章 新手班主任班级文化建设

第一节 班级文化的构成

班级文化具有自我调节和自我约束的功能，班级文化涉及与班级有关的各类人群，既包括人们以往比较关注的学生之间的关系和师生之间的关系，也包括比较容易忽视的教师之间以及教师与家长之间的关系。而教师与教师之间是合力的关系，教师与家长之间则是互补的关系。

关于文化，一般存在着广义和狭义两种解读。广义的文化是人类在社会历史发展过程中所创造的物质财富和精神财富的总和，它包括物质文化、制度文化和心理文化三个方面。物质文化是人类创造的种种物质文明，包括交通工具、服饰、日常用品等，是一种可见的显性文化；制度文化和心理文化则分别是指生活制度、家庭制度、社会制度以及思维方式、审美情趣等，属于不可见的隐性文化，包括文学、哲学、政治等方面内容。狭义的文化是人们普遍的社会习惯，如衣食住行、风俗习惯、生活方式、行为规范等。文化的要素主要包含以下几点。

第一，精神要素，即精神文化，它主要指哲学和其他具体科学、艺术、伦理道德以及价值观念等，其中又以价值观念最为重要，是精神文化的核心。精神文化是文化要素中最有活力的部分，是人类创造活动的动力。

第二，语言和符号，它们具有相同的性质即表意性，在人类的交往活动中，二者都起着沟通的作用。语言和符号还是文化积淀和贮存的手段，人类只有借助语言和符号才能沟通，只有沟通和互动才能创造文化。

第三，规范体系。规范是人们行为的准则，有约定俗成的，如风俗等，也有明文规定的，如法律条文、群体组织的规章制度等。各种规范之间互相联系、互相渗透、互为补充，共同调整着人们的各种社会关系。规范规定了人们活动的方向、方法和式样，是人类为了满足需要而设立或自然形成的，是价值观念的具体化。

第四，社会关系和社会组织。社会关系是上述各文化要素产生的基础。生产关系是各种社会关系的基础。在生产关系的基础上，又发生各种各样的社会关系。社会组织是实现社会关系的实体，一个社会要建立诸多社会组织来保证各种社会关系的实现和运行。社会关系和社会组织紧密相连，成为文化的一个重要组成部分。

第五，物质产品。经过人类改造的自然环境和由人创造出来的一切物品，如工具、器皿、服饰、建筑物、水坝、公园等，都是文化的有形部分。

班级文化的结构是由两个层面的多个要素构成的动态系统：①显性层面的班级文化，它包括三个要素，即班级物质文化、班级制度文化和班级组织文化；②隐性层面的班级文化，它包括两个要素，即班级观念文化和班级心理文化。这两个层面的文化及其要素互相影响、互相制约，共同构成班级文化的整体，深刻地影响着班级学生的身心发展，制约着班级学生的社会化进程。

一、班级文化的主要功能

（一）班级文化的规范功能

班级文化的规范功能是班级文化具有规范学生言行的重要作用。班级文化中的制度文化符合社会发展对学生的期望要求，这部分文化通过学校教育影响学生，如各种规章制度、常规的教学活动、学校的课外活动、社会实践活动等，规范着班级学生的发展方向。同时，它也通过班级大量的其他活动潜移默化地影响着学生，如班会、团队会、文体活动、班级各种竞赛活动、劳动等，使学生在各种活动中逐步形成符合制度文化要求的思想、观念、行为习惯，并形成一定的心理氛围。班级文化中的组织文化对学生也有明显的规范作用。由于班级学生都归属于一定的组织，他们都有被承认和被接纳的心理需要，他们总是自觉地根据一定的组织要求来规范自己的言行，从而对自己的行为起着协调和制约作用。班级文化是班级成员价值取向的反映，它代表了大多数人的观点，它所反映出来的行为模式为大多数人所认同，因而对班级成员具有一定的调节和约束作用，并且成为他们评价自己及他人言行的标准，这种观念及评价标准会随着班级活动的开展和班集体的发展更加深入人心，发挥更大、更深的影响。由此可见，班级文化不但规范着学生的学习行为和交往行为，甚至还影响着学生的校外行为，乃至对学生今后在人生道路和社会生活中对各种问题的态度倾向、行为方式也会产生深刻影响。

（二）班级文化的陶冶功能

班级文化的陶冶功能是班级文化对学生具有潜移默化的浸染作用。班级文化具有潜隐性，其隐性层面的文化因素，如班级学生的价值观、人生观、道德观、审美观等，以及学生在班级活动和交往中发展和形成的班风、舆论、人际关系和相应的心理气氛等，对班级学生的影响都是在潜移默化中实现的，从而把符合班级文化要求的思想意识和行为准则转化为自我的要求，并付诸行动。班级文化中物质层面的因素，同样对班级学生具有潜移默化的影响。班级学生总是在一定的环境中活动的，在活动中他们既受到精神环境的影响，也受到物质环境及其所蕴含的意念的感染，班级整洁的桌椅、干净的地面、美观的摆设、良好的设备、醒目的标语和板报等，无一不给学生透露出一定的信息，给予学生一种美的感受，让置身其中的学生产生一种积极向上、奋发图强的情感。而这种情感在班级学生之间互相感染，就会蔚然成风，形成班级良好文化的氛围。

（三）班级文化的审美功能

班级文化的审美功能，即班级文化的美化功能，是班级文化对培养学生感受美、鉴赏美和创造美的能力的作用。班级文化中存在着大量美的因素，可以说美无处不在，美无时不在。班级文化中存在着物质层面文化的美，也存在着精神层面文化的美。物质层面文化的美主要体现在班级的物质环境中，是一种简洁的美、和谐的美，它不是杂乱无章、随机的拼凑，而是在简洁整齐中透露出美的韵味，给人一种赏心悦目的感受。精神层面文化的美更多体现在班级成员的精神风貌中，如班级学生尊敬教师、关心集体、关心同学、团结互助、热爱科学、刻苦钻研、积极学习、勇于探索、敢于坚持真理、勇于改正错误等。班级成员在学习、活动和交往中能够体现道德美、情感美、语言美、人格美，这些美的因素对学生产生深刻的影响，使班级学生受到美的熏陶，从而逐渐形成美的思想、美的言行、美的情操。此外，教师的身上也存在着许多美的因素，高尚的品格、严谨的作风、得体的打扮、高超的教学艺术等，也无不透露出美的气息，对学生产生潜移默化的影响，使学生产生美的感受和美的体验，这些因素潜移默化影响的结果必然使学生的审美能力不断地提高。

（四）班级文化的同化功能

班级文化的同化功能是班级文化对班级成员具有同化其思想观念、行为方式的作用，这是班级社会功能的重要体现。班级文化的同化功能的心理基础，就是班级成员之间的从众、感染、服从、认同、模仿和暗示等的心理效应。班级成员的思想意识、价值取向、兴趣爱好等是在互相影响和互相感染中逐渐发展为班级的共同倾向的。班级的班风、舆论也对班级成员产生一种无形的压力，对班级成员的行为做出无形的裁判。在从众心理的作用下，大多数学生都会选择服从班级利益的行为，因为班风、舆论代表着大多数人的观点，而且学生一般都有归属的心理需要，只有服从集体，才能得到集体的认同。此外，班级的规范、人际关系和心理气氛也对学生产生一定的制约和感染作用，发挥一定的同化力，这主要是暗示和感染所产生的效应，对某一观念的认同、对某一行为的赞许，都是在班级成员之间互相影响、互相作用而形成的。

二、班级文化的基本特性

（一）整体性

班级文化体现在班级学习和活动的各个方面，是以整体的形式表现出来的，从而形成一个独特的系统。一方面，班级文化具有丰富的来源，有来自社会文化的影响，有来自学校文化的影响，有来自学生家庭文化的影响，还有来自教师群体、个体文化的影响以及学生群体文化的影响等。但是班级文化并非由来自方方面面的文化直接拼凑而成，而是在班级整合功能的作用下逐渐对各方面文化进行有机整合，形成自己独特的文化体系。另一方面，班级文化具有多元的特性，由于班级文化来源的渠道多种多样，决定了这些文化对学生影响的多元化倾向。现代社会，各种信息传播很快，学校、班级也更加开放，班级成为一个微型的社会，学生所受到的影响更加复杂，呈现出多层次、多元化的特点。

（二）集体性

班级文化是由全班师生集体创造的，不是班主任个人创造的，班主任和任课教师不是社会文化的正统代表。尽管班级文化建设确有班主任个人影响与个人创造的因素，也有班主任与任课教师的主导作用，但班级文化的集体性特征仍然存在。班主任个人的影响与创造要成为班级文化的因素，必须历经班集体学生干部和全班师生的认同与接受的过程，只有经过全班成员整体的认同，融合成班集体的共同追求，才能真正成为班级文化的组成因素。班级文化的享用、继承与创新也都离不开集体性。

（三）导向性

班级文化体现着班级的整体风貌，而且也代表着班级的价值取向和行为趋向，这就是班级文化的导向性特点。一方面，班级文化体现着班级的价值取向，反映了大多数班级成员共同认同的价值观、道德观以及对班级各种活动的态度倾向，是班级成员认识水平的反映，是班级成员在活动和交往中形成和发展起来的共同意识的体现，代表着班级文化发展的方向；另一方面，班级文化反映了大部分班级成员的行为模式，为班级成员提供了行为的基本准则及模仿的依据和评价的标准，并且在班级成员的心理上形成一种定势，进而引导着学生的行为，促进其行为习惯的形成。

（四）教育性

班级文化建设的根本目的与任务是教育、培养人，全面提高全班师生的素质，并促进班级形成各自的特色。班级文化既是班集体形成与发展的方式，又是班集体成员的集体财富，也是全班师生成长与发展的重要方式。全班每一个成员要想在班级中求得发展，一方面，要认真学习本班班级文化，真正认识和理解它的价值；另一方面，要在本班各种活动中实践，通过反复学习、反复认识和反复实践，不断领会和掌握班级文化。学生干部和班主任要重视对全班学生的教育与训练，以全面提高班集体整体素质，全班每一个师生要在工作、学习和生活中不断学习、不断认识与不断实践，以达到提高个人整体素质的目的。

（五）潜隐性

班级文化既具有显性的特征，但更多的是潜隐的特点。第一，班级文化主要是以精神形态的形式出现的，潜藏在班级成员的思想意识、行为习惯、班风及班集体舆论中，只有通过班级学生的言谈举止、待人处事以及对班级活动的参与程度等方面才能看出一个班级的班级文化发展水平、发展方向及其对班级学生的影响力。第二，班级文化对学生的影响是在潜移默化中产生和发展的，班级学生在班级环境中受到感染和同化，产生一定的情感体验，使其做出一定的判断和选择，这些主要也是在非自觉的、无意识的过程中实现的，它体现为一定的"场"影响和作用于学生。

（六）规范性

班级文化代表班级全体成员的集体理想、愿望和利益，对全班师生有一种规范功能。

全班成员个人的思想、心理及行为，至少应是有关班集体理想、愿望和利益的思维、心理及行为方式，都应和班集体的目标、理念、思想、心理及行为方式构成认同——要和班级文化相一致。当师生个人的言行与班级文化的规范发生矛盾和冲突时，必须自觉服从班级文化的规范。班级文化的规范，无论对于学生干部与普通学生还是班主任与任课教师，都具有一致性和公平性。本班全体师生在班级文化的规范下，都要使个人的理想、愿望、利益和班集体的理想、愿望、利益相统一，师生个人目标要和班集体奋斗目标相统一，师生个人价值理念要与班集体价值理念相和谐。

（七）动态性

班级文化不是一成不变的，而是表现为动态的、渐进的、发展变化的过程。第一，班级文化是在班级成员的活动和交往过程中逐渐发展和丰富起来的，是一个不断积累和完善的过程，这是一个动态的发展过程，所以班级文化总是会发生新的变化、新的内涵；第二，班级文化与学校文化、社区文化有很密切的联系，社会上的文化潮流、时尚观念以及人们的价值取向的变化也会反映到班级中，构成班级文化的新特点；第三，作为班级文化主体的班级成员，其个人的价值观、生活态度、思维方式和行为方式也受到很多方面因素的影响，特别是改革开放以来，由于外来的各种思潮以及互联网上各种流行文化的影响，班级个体文化更加多姿多彩，更加具有个性，使班级文化的动态性特点更加突出。

第二节　班级物质文化建设

"班级文化包括行为文化、制度文化、物质文化和精神文化，是班级师生共同创建的具有班级特色的区域性文化，涵盖班集体共同目标、思想、制度准则等多个方面，是班级内部形成的独特价值观。"[①] 班级文化是一个优秀班集体存在的前提，是校园文化的基础组成部分。健康的班级文化有利于营造良好的学习成长环境，提升班级的凝聚力，促进学生身心健康发展和价值观养成。班级物质文化作为班级其他文化建设的前提与基础，是班级精神文化的依托与载体。在班级物质文化建设的过程中，应该通过物质文化深入文化层面和精神层面，把物质文化的潜移默化的渗透作用发挥到极致。

[①] 朱巧玉：《探析班级物质文化建设》，载《现代职业教育》2020年第2期，第160页。

班级的物质文化应体现班级的价值观,是班级自下而上发展的保障。良好的物质文化建设可以提升班级的品质,增强学生的凝聚力,形成积极向上的班风,同时可以潜移默化地影响学生个性发展,培养学生的世界观、人生观和价值观。班主任在物质文化建设过程中应认真思考怎样通过教室环境设计与布置充分表现教育目标与教育意义,从而达到在班级物质文化中熏陶人、教育人的目的,主要包含以下方面。

第一,布置教室。班集体奋斗目标是维系班级师生为之奋斗的纽带,班训或班徽可张贴或悬挂在教室的醒目之处。教室的正墙上可悬挂班旗或国旗以及张贴治学格言,侧墙上可设置"表扬激励"栏,后墙黑板报两边可设置争先角、生物角等。在这样的氛围中学习、生活,不仅可以陶冶学生的情操,还可以启迪学生对美好事物的向往和追求,培养学生爱国、爱校、爱班的情感,起到时时刻刻提醒、教育和激励学生的作用。

第二,办好班报。班级剪报、班级水彩快报以及黑板报等,是学生施展才华、倾诉心声、摄取知识的"宝库"。一个主张校园文化教育观的学校,应在每个班级都有这类"班级传媒",培养一批小记者、小通讯员、小主持人。

第三,建好图书角。建设班级图书角,可以引导和鼓励每一个学生把自己最喜爱看的书籍和报刊拿出来,与他人交流,培养学生的奉献精神。班级开展争做图书角的"主持人"、争做图书角的"热心读者"活动;每学期举办一次"推荐、介绍一本好书"征文比赛,这些举措可以充分调动学生的读书积极性,使图书角发挥其应有的文化资源作用。

第四,设计墙饰。墙饰即墙壁的装饰,可以将一些各方面的杰出人物的画像及他们的生平事迹挂于教室外走廊,激发学生对伟人的敬仰之情;可以在教室墙壁上挂一些名言警句,并请擅长书法的学生书写,请爱好美术的学生配图;可以挂上奖状锦旗,它是一种荣誉,也代表一个班的成绩,是一个班集体共同奋斗成果的结晶,学生经常注目会产生强烈的班级荣誉感。

第五,绿化和生态角。在教室的一隅放置绿色植物能够调节教室的气氛。绿色还能给人的视觉以抚慰,使人宁静,让人消除身心、视觉的疲劳。可在教室的窗台、卫生角上放置吊兰、文竹、宝石花等绿色植物,使教室生机盎然。为了营造这种绿化美,可由学生负责定期更换盆景,使教室常绿常新。

第六,班管橱窗。教室门外的墙壁上设计班管橱窗。例如,班管橱窗内列有以下栏目:班级精神或奋斗目标,班主任、任课教师一览表,课程表,班队干部分工,班级值日生,班级常规管理成绩统计等。班管橱窗的设立,便于学校的常规检查,它可以成为一个班级文明建设的窗口,对规范学生的言行能起到积极的作用。

第三节　班级精神文化构建

一、班级精神文化的分类

班级精神文化是班级文化的核心，表现为一个班集体的班训、班徽、班歌等，主要包含以下方面。

（一）班训

班训的共性问题，要在理论上明晓。从理论上而言，这些素质是人赖以立志、立业、立言的道德基石，或基础文明，像勤奋、朴实、诚实等；从社会实践的角度而言，班训及学校教育强调的这些品质，符合人们对现代人格的期望。班训是班级个性、特色的高度概括和精神标志，是班风、教风、学风的共同参照目标。特别要指出的是，班训的特色是校长及班主任是否具有自主权、教育观以及创造性地贯彻执行教育方针的胆略、能力的一种反映。

（二）班徽

班徽往往能表现主体的固有性格和最高理想，是反映班级文化特征和精神的一种形象、物化标志。班徽虽没有校徽的知名度大，为师生所认同，使用也不普遍，但对人格发展的作用机制是一样的。班主任应该具有超前意识，在创设班徽上做些尝试。另外，班徽可佩戴，也可以悬挂在教室里，只要对学生人格发展有益，班徽的形式及其使用可多种多样。

（三）班歌

班歌是班级文化的重要内容，它是班级的精神风貌，是一种典型的文化标志。班歌的特点是：①能集中表达班级整体精神风貌、希冀和追求；②先定歌词，而后据之作曲，歌词可通过班内外征歌的方法来确定；③班歌的旋律活泼、奋进、欢快，不乏端庄、神圣、高雅、气派，班歌在正式场合、非正式场合都可以歌唱，但在正式场合歌唱或演奏更有表现力和教育价值；④班歌的格式可以多种多样，但无论何种格式，班歌词中的叠句是非常重要的，反复吟唱，可以让人印象深刻，催人奋进。

二、班级精神文化的构建方法

（一）以人为本，形成健康的班集体舆论

班集体舆论是班集体中占优势的被大多数成员所赞同的言论和意见，是班级成员观念态度的集中体现。良好班集体的成长，学生健全人格的塑造，离不开健康的班集体舆论。一个班集体如果没有健康的集体舆论做引导，就不可能有一个共同的奋斗目标，也不可能有和谐的人际关系，因而势必缺乏班级凝聚力。健康的班集体舆论是班级精神文化的内核，也是人们最容易忽视的因素。

1. 运用板报广播

人是环境的主宰，环境也以其独特的方式影响塑造着人。教室是学生学习、生活的主要场所，教室内的板报则是班级日常管理中的一块有效的宣传阵地。科学、艺术地使用板报，针对学生渴望关注的成长特点，设置"文明与我同行""我的人生格言""放飞青春"等栏目，指导学生将自己对人生、社会、生活的感悟升华为理性的收获。同时还可利用学校广播站，在班内成立宣传报道小组，及时宣传班风班貌，扩大班级"知名度"，以增强全班同学的自信心和上进心。

2. 发掘传统文化底蕴

人的成长是一个不断社会化的过程。传统文化是中华民族的精神瑰宝，源远流长的民族传统文化蕴含着宝贵的精神财富，利用传统文化提高学生的认知水平，是激发学生民族自信心的良好方法，也是培育健康班集体舆论的重要途径。

3. 及时调整，因势利导

营造健康的舆论氛围，挖掘传统文化底蕴，从而形成健康向上的班集体舆论只是培养班集体舆论的开端，更为关键的是要争取把握集体舆论的发展方向。而且，班集体舆论是一个动态过程，它随着班集体的成长而不断发展，日臻完善。班集体舆论也要根据不同学业阶段及时调整导向，因势利导，细心呵护，以保证学生个性人格的健康发展。

4. 发挥舆论导向作用

采用民主评议的方式，可以更好地发挥班集体舆论的导向作用，从而促进班级精神文化的发育成长。班主任在讲台上点名表扬或批评个别同学，不如发挥班集体舆论、同学自

己民主评议推出的"本周十佳""文明标兵"等结果更有说服力。虽然这些结果和班主任的观点看法一致，但这些结果是由民主评议得出，是集体舆论的结晶，民主评议能够保证班集体舆论监督的正确方向，使班级精神文化健康发展，从而收到"政通人和"的管理效果。

（二）师生协作，构建良好班风

在健康的班集体舆论导向作用下，班级成员在交往中会逐渐产生一种共同的心理倾向，形成共同的作风和风气，这就是班风。班风也是班级文化建设中的隐性因素，是班级精神文化建设的重要内容之一。

1. 制定目标，形成合力

学生聚集在一起，如果没有共同的奋斗目标，就无法形成团结友爱富有生机的班集体。因此，建设班集体的第一件大事，就是制定班集体奋斗目标，一个大家竭力为之奋斗的理想和追求，共同的理想和追求架起合力的金桥，让每个学生都深刻认识到个人在集体中的价值，体验到个人和集体的关系，体会到集体的力量和协作精神，感受到集体的荣誉感、自豪感和责任感。

2. 持之以恒，抓住契机

良好的班风不是一蹴而就的，而是要经过一个长期培育过程才能日臻完善，这就需要班主任从大处着眼、小处入手，有条不紊地制定必要的规章制度，提出明确的要求，如"一日常规""文明公约"等，让学生言有所循，行有可依。在此基础上，持之以恒，常抓不懈，同时还要抓住契机因势利导，积极地倡导和巩固良好的班风。

（三）协调构建和谐的人际关系

在班级精神文化中，和谐的人际关系也是一个很重要的组成部分。"和谐的人际关系有助于促进教师与学生之间、学生与学生之间的密切交流与合作，从而更好地发挥班级舆论和班风的导向作用，增强班级凝聚力，发挥班级整体效应。"① 构建和谐的人际关系，第一，要创造良好的师生关系；第二，要培养学生的交际技能；第三，要开展有益活动，在活动中促进学生心灵的共鸣。

---

① 吴永超：《浅谈班级精神文化建设》，载《中国科教创新导刊》2011年第26期，第249页。

1. 构建新型师生关系

班主任是班级工作的组织者和管理者，同时又是全体学生生活的指导者和服务者。班主任要努力营造宽松的教育环境，让自己真正成为学生的合作者、鼓励者和引导人。唯有如此，班主任与学生才能心有灵犀、和谐共存。班主任的每一个眼神，学生都能心领神会；学生的每一点变化，班主任都能看在眼里。班主任与学生心灵相通、同心协力，班级工作才能蒸蒸日上。师生平等、关系和谐，既是班主任工作的前提条件，又是班级文化的重要隐性内容，是班集体成长的催化剂。

2. 培养学生的交际技能

人的成长是一个不断社会化的过程。人的社会化的发展，使人际关系显得越来越重要。在学校，同伴关系尤其重要。良好的同伴关系，不仅有利于班级工作的开展，而且有利于学生社会价值的获得、社会能力的培养、学业的顺利完成和人格的健康发展。班主任必须抓好学生由个体化向社会化发展的环节，为学生创设平等和谐的交往环境，提高同伴平等意识，培养平等交际能力。同时，要教给他们一些具体的交友方法：多使用礼貌用语、学会耐心听别人说话、学会宽容、关系同伴等，更重要的是要耐心指导学生的交友行为，因人而异地为每个学生的兴趣、特长、智慧提供表现的机会和锻炼的舞台，让每个学生在班级中都能找到自己的位置。

3. 强化班级人际关系

班集体植根的土壤是丰富多彩的集体活动，集体活动是促进学生沟通与了解的桥梁，丰富多彩的集体活动能吸引所有学生参与，不仅为每个学生的个性发展搭建了健康成长的舞台，而且在活动中更容易促进人际关系的和谐。各项活动的开展，能够增强班级凝聚力，激发学生团结合作、奋发向上，不怕困难的精神，有效地促进班级和谐的人际关系。

总而言之，健康的班集体舆论、良好的班风和和谐的人际关系是班级精神文化建设的重要内容，三者相辅相成，健康的班集体舆论是形成良好班风和构建和谐人际关系的基础，良好的班风是健康的班集体舆论的必然结果，和谐的人际关系则是保证班集体舆论和班风健康发展的土壤。加强班级文化中隐性的精神文化建设，润物无声，在潜移默化中塑造学生健全的人格，远比严厉的班规校纪更有说服力和教育力。

第四章 新手班主任后进生转化

第一节 后进生的类型和原因分析

后进生是一个相对的概念，在思想品德方面或学习成绩方面的表现相对落后的学生称为后进生。后进生的形成原因主要包括以下方面。

第一，学习不得法，学习成效事倍功半。学习后进生智商正常，而且有部分学生很努力学习，比其他同学付出的时间和精力都要多，但学习成绩就是落后于班上的其他同学。学习后进生在一天当中没有周全的计划和考虑，不会合理安排好时间，或者整天疲于应付作业，没时间预习和复习。平时也表现为比较懒散，不会为考试做好复习的计划。有些学习后进生平时很努力，每次看到他们总是在对着书本埋头苦读，但他们对知识并没有深入全面的理解，只靠死记硬背，不会举一反三，遇到灵活运用的题目就不会做，不能取得令人满意的学习效果。学习后进生没有复习和预习的习惯，跟不上教师讲课的进度，不能与教师的讲解产生共鸣。

第二，学习态度不端正。学习态度是对学习的一种既持久又稳定的内在心理倾向，它包括三个方面：认知、情感和行为。认知就是对学习所抱有的信念、理解、观念和评价；情感是指在认知基础上对学习产生的一种情绪和情感，是学习态度的核心因素，包括对学习的喜欢或者厌恶，远离或者亲近，无畏或者害怕等；行为是在认知和情感的基础上产生的，它表现为对学习的一种准备状态。一般情况下，学习态度的三个构成因素是协调统一的，如果学生认识到学习的重要性，那么他就会热爱学习，表现出对学习强烈的愿望和动机，并挤出时间来努力学习。从学习态度的特征可以看出学习态度对学习成绩有重要的影响，如果有积极、主动、正确的学习态度，也即对学习抱有强烈的喜爱，那么学习活动就可以顺利开展。

第三，学习动机不足、缺乏自信以及意志力薄弱三方面的心理缺陷。动机是刺激人们做出行为或激发人们采取行动的念头，是促使人们做出某种行为的因素。学习动机是能够激发个体进行学习活动，维持已发生的学习活动，并致使个体的学习活动朝着一定的学习目标进行的一种内部启动机制。学习动机不足常常是造成学习后进生的原因之一，动机不足，学习是很难取得成功的。根据学习动机的动力来源，学习动机可以分为内部动机和外部动机两种类型。当一个人的行为完全是由个人的兴趣、好奇心或获取快乐体验这一目的而引发时，就是出于内部动机。无论是内部动机还是外部动机，适当的学习动机都有利于学习成就目标的实现，如果学习动机不足就会失去对学习的兴趣和好奇，从而成为学习后进生。此外，学习动机对学习行为具有启动和维持作用，对学习过程具有监控作用，也就是学习动机可以指引学生的学习行为，向着既定的学习目标前进，并在学习过程中排除各种干扰，提高学习效率。

除了动机以外，缺乏自信也是造成学习后进生的重要心理原因之一，如果学生对自己的学习有信心，对自己持肯定的态度，这样在学习活动中才会付出更多的努力，取得学习上的成功。即使学生在学习上有强烈的动机，自信十足，但在学习过程中缺乏意志也是不可能取得成功的，因为学习意志是达到学习目标不可或缺的内部条件。学习意志是学生依据一定的学习目标，在整个学习过程中不断地排除内在和外在干扰，自觉地实施、调节和控制自己的学习行为，从而完成预定任务的心理过程。

良好的意志品质对学习具有重要的促进作用，一方面，具有良好意志品质的学生对学习的目标和任务有明确和深刻的认识，能自觉地投入学习中，完成既定的学习任务。自觉是一种可贵的品质，意味着学生不需要家长和教师的督促就会投入学习中，在学习中独立思考，有自己个人的见解，科学安排学习时间，调整学习方法，合理安排学习任务。学生应调整和控制自己的行为，也就是具有自制力，它可以促使学生去完成学习任务或者排除外界的各种干扰从而全身心地投入学习中。另一方面，具有学习的毅力，也就是对学习能坚持不懈，遇到困难迎难而上，不因为一两次的失败就放弃和泄气。

第二节　后进生转化的方式方法

一、基于教师指导的后进生自我转化

（一）加强对后进生学习能力的培养

1. 构建知识体系

教导学生掌握正确的学习方法，主动建构知识。转化学习后进生重要的是教给他们学习方法，让他们学会学习，学会探索知识，主动学习，这也有利于他们以后的人生发展。学习方法是人们在一切学习活动领域内从实践上或理论上把握现实，为达到某种学习目的所采用的途径、手段、工具和方式的总和。学习方法在学习活动中是学习主体沟通已知和未知的桥梁和纽带，是学习活动中不可缺少的重要因素。学习方法的分类很多，以课堂学习进程的特点为标准的学习方法分类，通常分为预习法、听讲法、复习法、作业法等。

（1）班主任要教给学习后进生预习的方法。①粗读，先把本节课的内容浏览一遍，对知识有个大概的了解，掌握粗线条的脉络，这样在听课中就不会跟不上教师的节奏；②细读，对课本知识的定义、原理等仔细阅读，熟悉这些定义和原理的生成过程，在预习过程中不懂的地方做上记号，上课时认真听教师的讲解。

（2）班主任要教给学习后进生听课的方法，在听课时要处理好"听""看""思""记"的关系。"听"就是用耳朵去听教师的讲解，在听的过程中要注意听学习的目标要求，听知识的形成过程以及听重难点。"看"就是用眼睛仔细观察，特别是上实验课的时候，要注意观察教师实验的步骤，在看的同时还要注意听关键步骤的讲解。"思"是学生的思维和思考，不思考很难取得学业上的进步。"学生在上课的时候要善于思考教师提出的问题，开动脑筋，发散思维，从而把知识纳入自己的知识结构中，建构新的意义。"①同时还要归根溯源地联想知识，善于提出问题。"记"是学生的课堂笔记，记是记重难点，记解题的思路和方法，记小结以及教师布置的作业，一段时间后把笔记进行整理也有利于以后的复习总结。

（3）班主任要交给学生复习和作业的方法。在做家庭作业时先把当天教师讲的内容复习一遍，对重要的公式、定理、原则进行记忆，根据艾宾浩斯的遗忘规律，记忆的最好时段是在记忆材料后的24小时内，所以学生在做作业前先进行记忆可以达到事半功倍的效果。完成作业的过程要注意独立思考，对有疑问的地方要再三思考再去请教。同时要注意书写的规范和工整，条理要清晰，养成良好的作业习惯。此外，教师要告诉学生注意总结。教师可以让每个学习后进生配备一个错题经验本，专门记录在平日学习和考试中遇到的难题、做错的题，对相关知识起到检查和修正的作用，对学习过程起到自我反思。学习后进生应该经常翻看该笔记本，从理论上分析自己不会做的题目或者做错的原因，总结经验教训，加深印象，避免类似的错误再次发生。

（4）班主任教给学生学习方法的时候要注重学生的个性，每个学生都有自己的生活环

---

① 黄志玉：《高中学习后进生的成因与转化对策》，华中师范大学2015年版，第16页。

境，都有各自不同的行为习惯，表现在学习上就是每个学生都有自己的学习方法。教师应该因人而异，因材施教，正确的做法是教师应该引导学生借鉴学习成功同学的学习方法，然后根据自己的特点来调整，摸索出一套合适、高效的学习方法。

2. 培养学习态度

培养学生正确的学习态度，变"要我学"为"我要学"。要使学生学好就要使其好学，变"要我学"为"我要学"，培养学习后进生正确的学习态度可采取以下的方法。

（1）使学习后进生认识到学习科学知识的重要意义。从微观上而言，教师上课时可以把书本知识与生活实际结合起来，使其认识到科学知识的重要性。例如，上物理课的成像原理时可以结合摄影来讲解，实物大小与成像原理之间的关系、相片如何冲洗、如何进行抓拍等，由此教师可以进一步引导学生认识学习物理知识的重要性，从而培养和激发他们学习物理的兴趣。从宏观上而言，随着科技和经济的日益进步，社会上对人才的要求也越来越高，想要在社会上有所作为，必须具备必要的科学知识。无论从微观上还是宏观上，让学习后进生认识到科学知识的重要性，会让他们改变对知识的认识和评价，变被动学习为主动学习。

（2）让学习后进生体会获得成功的愉悦。由于过难或过易的教学内容都不易调动学生学习的积极性，因此，教学难度要适中，提出的问题或者布置的作业应该是学生通过努力能够达到的。学习者有两种不同的发展水平：实际的发展水平和潜在的发展水平。实际的发展水平是个人当前的智力水平和解决当前具体事务的能力。个人还有潜在的发展水平，个人在教师、父母或更优秀同学的帮助下能够达到的能力水平或取得的成就。位于这两个水平之间的区域就是"最近发展区"，也就是跳一跳就可以摘到的果实。教师在教学过程中如果可以把教学的深度、广度设置在学习后进生的"最近发展区"，就容易调动他们学习的积极性，使他们在原有的基础上增长思维能力、解题能力，品尝成功的喜悦。当学生学会、弄懂所学的课题时，他们必定有一种获得成功后的快乐。与此同时，可以让学习后进生在自身的进步中体会成功的快乐。如果学习后进生与优秀的学生进行比较，那么只会越比越没信心。教师可以帮助学习后进生制订他们自己的学习计划和目标，并落实计划的实施步骤。在实施的过程中让学习后进生善于发现自己的进步，这样他们就会体会到成功的快乐，正确认识自己的能力。

（3）使学生具有强烈的学习责任感和适度的抱负水平。教师要教导学习后进生，学习是其主要任务，而且作为国家未来的主人，理应看作强烈的学习责任感，把学习看作自己的责任，对学习负责，这也是社会要求是否转化为学生内部需要的标志之一。教师可以利用伟大人物的光辉事迹来激发学生的抱负水平。伟大人物用自己的智慧和劳动对社会和人类做出了贡献，推动着人类文明向前发展，他们作为榜样激励着学生努力实现自己的抱负。

（4）优美的学校环境也有利于学习后进生形成正确的学习态度。学生是否依恋学校也是影响学生对待学习的重要因素。优美的学校环境可以陶冶学生的情操，愉悦学生的心情，使学生精神饱满地进行学习，产生对学校的向往；学校里周边的设施健全，可以让学生参加社会服务，游戏活动，让学生把在课堂中学到的知识应用于生活中，可以开阔学生的思维，激发学生学习的热情。在营造优美学校环境的同时还可以营造浓厚的班级学习氛围，这样也有利于正确学习态度的形成。

（二）加强对后进生的心理健康教育

1. 激发后进生的学习动机

内部动因是导致行为过程的内在根据，由行为动因产生行为动力，这是行为活动的客观存在，激发学习后进生的学习动机可以产生学习行为和活动，所以动机激发是转化学习后进生的有效途径。教师可以通过以下途径来激发学习后进生的学习动机。

（1）引导学习后进生正确归因，提高自我效能感。归因理论的一个基本观点是：决定动机的主要是个人的归因方式，即个人对自己成功或失败的原因的分析方式，而非先天的需要和先前的综合经验。学生的成功或失败可以归为四个方面的原因：能力、努力、运气和任务的难易程度。以上四个方面的归因也可以分为内部归因和外部归因。内部归因是指学生把自己的成功或失败归结为自身的原因，外部归因是指学生把自己的成功或失败归结为自身以外的原因。成就动机强的学生倾向于把成功与自己的能力联系在一起，把失败与自己的努力不够联系在一起；反之，成就动机弱的学生倾向于把成功归结为运气，把失败归结为能力不够。教师可以教育学习后进生把成功归结为自己的努力，这样学生就会感受到学习的喜悦，激发起对学习的兴趣和潜能，把失败归结为自己不够努力，这样学习后进生才不会失去对学习的信心。学习后进生一旦把失败和成功归结为内部的原因，那么他们就不会因一时的失败而产生习得无能感，从而激发动机，提高自我效能感。

（2）善于利用奖赏，维护学习后进生的内部动机。斯金纳的强化理论中的正强化是在人们期望的行为出现后呈现出来的，这样就提高了这种行为重复出现的概率。

（3）让学习后进生认识和理解学习的目标。有目标才会有动力，教师在每一单元开始之前告诉学生这个单元将要学习的内容，学习方法有哪些，将以何种方式来进行考核。在每一节课开始前也要让学生知道这个节课要达到的目标是什么，这样就可以把大的目标分解为一个个小目标，这种详细的、短期的、现实的目标可以促使学生保持对学习的兴趣和动力。

要取得学业上的成功，学生既要有取得成功的能力和技能，又要有学业成功的愿望和自信。教师对学生的赞赏、期待和信任会改变学生对学习的行为，变得更加自信、自强、自立和自爱，并产生一种积极向上的心态，尽量达到教师对他们的期待。学习后进生在班上常常受到忽视，如果教师对他们有适当合理的期待，对他们表现出喜爱之情，那么他们就会感受到教师对他们的爱护和关心，得到心灵上的温暖和精神上的慰藉，自我效能感也会增强，他们会积极回应教师对他们的期待，认真对待学习，这样他们的学习成绩往往进步较快，发展也会越来越好。与此同时，教师在教学过程中也要有自信，为学生树立自信的榜样，只有自信的教师才有可能培养出自信的学生。所以教师要正确评价自己，增强自我观念，加强心理修养，使自己成为自信、自尊的化身，为学生树立良好的榜样。只要给学生足够的学习时间，采取正确的教学方法，教给学生学习的技巧，那么绝大部分学生包括学习后进生都是可以达到学习目标，完成学习任务的。即使是学习后进生，如果有足够的自制力和毅力，那么基本上可以达到学习的目标要求。因此，锻炼学习后进生的学习意志是转化他们的关键，强调自我努力是培养学习后进生学习意志的重要途径。当学生求助的时候教师和家长应适当地延迟或拒绝给予帮助，为学生创造一个自我解决困难和自我努力的机会。当意志水平有一定程度的提高的时候应该提出更高的要求，这样意志才能越来越坚强。

班主任应培养学习后进生形成良好的学习习惯，提高自制力。学习习惯是一种自动化的行为，是在长期的多次重复和练习中形成的，学习后进生如果在平时的学习中形成了预习、听课、复习和作业等学习环节的个人习惯，在每一个学习环节上，哪个先哪个后，何时开始，何时停止都趋于定型自动化，那么他们在学习中就会按照自己的方式来进行，从而抵制各种内外的诱惑，提高学习自制力。班主任还可让学习后进生收集一些励志的名人名言贴在课桌或者床头，营造一种积极向上的氛围，学生在这些名人名言的激励下，增强信念，锻炼意志，激发学习的积极性和加强自我修养的主动性。

2. 培养良好的师生关系

在与后进生建立良好的师生关系方面，教师爱他们是最基础和最重要的。学生都渴望在充满爱和信任的环境中成长，爱是一种信任，爱是一种尊重，爱是一种鞭策，学习后进生需要得到更多的爱和关注，要相信他们人人都能成才。

（1）教师要善于观察学生，发现学生的闪光点。智能是解决问题，为所在集体做出与文化相关的贡献以及克服所要面临的挑战的能力。智能包括：逻辑-数理智能是指识别逻辑模式和数字模式、控制较长的推理链的能力；言语-语言智能是指对词语的发音、节奏、意义和不同语言功能的敏感度；音乐-节奏智能是指创作和欣赏音高、音质、节奏和不同音乐表达形式的能力；视觉-空间智能是指准确感知视觉空间的能力，在心理世界和物质世界两个方面理解空间变化的能力；身体-动觉智能是指控制身体运动、熟练移动物体的能力；交往-交流智能是指识别和恰当回应他人的心情、脾气、动机和渴望的能力；自知-自省智能是指认识或反省自我情感状态、了解自我优势和劣势的能力；自然智能是指能区分有生命的物体、敏锐感知自然界特征的能力。教师要加强对学习后进生的了解与观察，发现他们身上的闪光点，关爱他们，使他们感受到教师的爱心和责任心，树立自尊自信，这也是转化学习后进生的基础。

（2）教师与学习后进生密切交往，重视个别谈话。每个教师都喜欢优秀的学生，但学习后进生更需要教师的关怀与关注，得到教师的帮助和指导，与教师建立友谊。交往是建立良好师生关系的基础和前提，师生交往是否有效，取决于交往的时空和次数。教师还要重视和学习后进生的个别谈话，谈话可以消除师生之间的误会和隔阂，同时在深入谈话时，学生向教师敞开心扉，师生之间更进一步了解，有利于教师对学习后进生因材施教以及深厚感情的建立。学生意识到了教师给予的友谊和关怀，就会产生正面的自我评价倾向，诱发学习动机。

（3）教师角色定位准确，尊重学习后进生。教师应平等地对待学生，听取学生的意见，尊重学生不同的见解，这样才可以最大限度地调动学生学习的积极性。学生只有生活在民主、平等对话的学习环境中，师生关系才会更加和谐。

二、改进教学方法，增强教学效果

（一）调动后进生的学习积极性

教师要创新教学方法，教学活动应该触碰到学生的情感和意志，使学生感到兴奋和自豪，体会到成功的快乐，这样学习后进生在课堂上自然有高昂的情绪，学习兴趣与学习动机增强，逐渐回归课堂上。在创新教学方法方面，教师可在课堂上利用讨论、辩论、现代化教学手段等调动学生学习的积极性。

讨论是由教师提出主题，学生在教师的帮助下，就这一主题表明观点或者论证，然后得出结论的过程。教师确定的主题要循序渐进，而且要贴近生活、贴近实际，让学生有话可讲。教师还要营造讨论的氛围，让学生积极主动地参与到讨论中。可以把学生分成若干小组，让学生共同参与主题的讨论，在一个无拘无束的氛围中大家发表自己的见解。由于学习后进生参与了合作讨论，特别是当自己的见解被采纳的时候，更可以激起他们的成功感，增强自信，培养学习兴趣，激发学习动机。

辩论是对一个问题有不同的主张，并针对此问题展开争论。辩论可以活跃学生的思维，在辩论过程中学生可以展示自己的语言能力、应变能力，张扬自己的个性，展现智慧、才华和学问。通过辩论，学生对知识的理解会特别深刻，其效果是单靠教师的讲解所无法达到的。教师所设置的辩题应该是生活中容易引起争论的或者是热点的问题，这样对澄清学生的错误认识，获取知识很有好处。在课堂上利用现代化教学手段也是调动学生的学习积极性、提高获取知识效率的不可或缺的手段。教师可以通过语言、文字、声音、图像呈现教学内容，刺激学生各种感官，帮助学习理解记忆，丰富想象，促进思维的发展，达到教学效果的最优化。例如，历史地理课的学习，教师可以借助现代化教学手段，把世界及我国的人文景观，历史场景超时空地呈现出来，可以让学生有身临其境之感，使他们增加对知识的感性认识，同时也增强了课堂的趣味性，激发学生的求知欲。但要注意的是教师应该把现代教学手段和传统教学手段结合起来，在用多媒体课件展示课程内容的同时要注意深入浅出地进行讲解，使学习后进生也能真正理解掌握教学内容。

（二）实现评价方法的多样化

后进生受评价的影响很大，合理的评价可以促进他们的进步，对后进生进行评价时，班主任要对他们进行综合全面的评价，既要评价好的方面又要评价坏的方面；既要评价学习结果，也要评价学习过程；既要评价科学文化素质，又要评价心理素质、身体素质和思想道德素质。只有通过这种全方位的评价才能促进后进生的学习，使他们健康成长。班主任要树立发展性评价的理念，把诊断性评价、形成性评价和总结性评价运用于教学的全过程，从多个视角、多个方面去看后进生，增强他们的自信心，让他们乐于学习、乐于探究。同时，档案袋评价和描述性评语也是评价学生的良好方法，这两种评价方法都注重学生平时的真实表现。

档案袋评价为学生的成绩收集了证据，学生有时间来收集、选择和反思能够展现他们学习成绩的作业。档案袋评价还展示了学生的成长和发展过程，并让学生能够反思自己。描述性评语是教师在自然状态下对学生进行观察以及通过与学生的交流所做出的对学生的评价，这两种评价方法都不限于只对学生的学业成绩进行评价，学生在学习过程中的优良表现也可以得到记录。后进生在这样具有多种评价方法的环境下才有可能更好地成长，多一把衡量的尺子就会多一批好学生。

此外，还可以实现评价主体的多样化。在教师评价学生的同时，还可以让家长、同伴参与到评价中来，并实行后进生的自我评价。让家长参与到评价中，可以让家长更加了解孩子以及学校的教育教学，在孩子遇到学习困难时给予帮助与支持。后进生的自我评价能力较低，教师要对他们进行指导，让他们学会自我分析、自我解剖，从而提高他们的反思能力和自主意识，提高学习的积极性和主动性，更好地促进他们的发展。

三、充分发挥家长的教育作用

第一，采取正确的生活方式和生活态度。相对于物质环境而言，对学生学习成绩影响更大的是家庭的精神文化氛围，家长是否采取正确的生活方式和生活态度。家长应该树立终身学习的观念，为子女树立良好的榜样。家长采取的生活方式和积极的生活态度不但能对子女的学习起到促进作用，而且在这过程中培养了子女爱好看书、关注世界的习惯，这一良好的习惯将会对他们的终身发展产生重要的影响。

第二，采取民主的家庭教育方式。亲子关系是否真正融洽很大程度上决定着家庭教育是否成功，在众多的家庭教育方式当中，民主的家庭教育方式是最有利于学生学习的。民主的家庭教育方式就是对子女既有要求又有回应，关注子女的身心健康发展，对子女给予指导和监督，父母与子女处在一个平等的位置，家庭融洽和谐，遇事能相互沟通交流，父母倾听子女的意见和建议，并鼓励子女独立。民主的家庭教育方式对青少年学习心理所造成的不良影响最小，是最理想的一种家庭教育方式。在以沟通和爱为基础的家庭里，子女有很强的学业成就动机，认为学习是一件有价值、有意义的事情，并乐于去做，有很强的内部动机，对学习可以做到坚持主动。

第三节　后进生管理的心理技巧

后进生管理的心理技巧主要包含以下方面。

第一，关注学生情感，促进后进生成长。情感是人对客观事物所持态度的体验。积极健康的情感能使学生热情饱满、富有朝气、记忆力增强，学生的潜能会得到高效率的挖掘。作为在教育界工作的教师，要重视情感教育。

对学生情感发展的重视使得情感教育成为当前教育的关注点，面对后进生的转化教育，关键要从情感教育着手。要耐心地教育，多关心后进生，增强后进生承受挫折、适应环境的能力，培养后进生良好的个性、心理品质、自信心和创造力，要用更长远的眼光、更强的责任心去关心后进生的成长。

第二，尊重、理解、信任学生，做好后进生的心理教育工作要用好情感教育的技巧。随着年级的逐渐升高，学生更希望教师能尊重他们的言行、人格。教师一定要自始至终地对学生抱着尊重、理解和信任的态度，要切实把握学生身心发展规律。关注学生的情感发展是当代教育的一个重要趋势。了解后进学生，关心、热爱、尊重、信任他，学生得到了教师的尊重与关怀，才会对教师产生亲近感、敬佩感和依赖感，师生之间的感情才能融洽，交流才会通畅，沟通才会和谐，后续的教育工作自然就顺理成章、水到渠成。

第三，培养学生健康的情感。"每个学生都存在着被赏识的心理，如果他们在不断完善自我的过程中，得到了足够的赏识，便可以产生巨大的潜能，产生学习和创造的持续动力。"[1] 实施赏识教育，就要随时捕捉闪光点并及时给予表扬和鼓励，要让学生知道，人都避免不了犯错，要帮助他们分析犯错的原因，克服困难，避免生活中的不协调。使学生在失败中吸取教训，在失败中学会总结，并顽强地站起来，帮助他们走出阴影。

作为教师，要促进后进学生成长，要尊重、理解、信任自己的学生，要采用赏识教育培养学生健康的情感，要肯定学生的优点，这样教育将会更成功。转化后进生的心理，还有很多需要教育工作者去探索、去研究。

---

[1] 张美华：《巧用情感教育转化后进生的育人技巧》，载《新智慧》2019 年第 10 期，第 96 页。

第五章 新手班主任主题班会设计

第一节 主题班会的设计环节

"主题班会是以学生为主体，以班主任为主导，围绕某一主题有计划、有目的地开展形式多样、内容丰富并且情景化了的认知教育，引导学生在认知冲突和思想对话中进行交往，激发道德反应，获得道德体验，促进道德发展的德育教育活动。"[1] 学校主题班会在内容上覆盖面较为广泛，一般将入学教育、学习教育、安全法纪教育、心理健康教育、诚信教育、人际交往指导、自立自强教育、团队精神教育、道德教育、情感教育、文化素养教育等都纳入其中。因此，主题班会是在班主任的指导下，以班级为单位，由学生围绕特定主题所开展的有目的、有计划、有组织的教育活动。

一、主题班会的基本特点

主题班会与思想政治理论课教学、社会实践等传统的思想政治教育手段相比，具有以下特点。

第一，主题的灵活性。团队活动、社会实践一般是按照事先拟定的主题，在既定的时间内对学生开展教育活动。由于这些活动常常会受到活动场地、时间、人员、经费的影响，在确定主题方面也会受到一些限制。班主任可以灵活地选择主题。通过组织召开主题班会，向全班同学传达最新的时事信息，掌握他们的思想动态。

第二，形式的多样性。主题班会在教学手段上综合了德育课教学、团队活动、社会实践等教育手段的优势。在主题班会的开展过程中，既可以有班主任的理论宣讲、案例分析，也可以有学生的唱歌、相声、舞蹈、小品等，其多样性是德育课教学、团队活动、社

---

① 彭中辉：《浅谈高中主题班会过程设计的原则》，载《教师》2011 年第 36 期，第 15 页。

会实践所无法比拟的。主题班会形式的多样性契合了当代学生的身心发展需求，所以广受学生的欢迎。

第三，内容的针对性。在同一所学校里，德育课程设计都是相同的，教育内容对于所有学生也都是一样的，它没有根据各年级学生的年龄特点来设计不同的教学内容，缺少针对性。团队活动、社会实践一般也是按照学校的整体思想政治工作部署，在规定的时间内开展的，而且很多活动都是一年一度的传统活动。主题班会则是根据学生身心发展的规律，每个阶段都会有不同的关注重点，这些内容适应了不同年级学生的身心发展需求，体现出了明显的针对性。

第四，情境的互动性。主题班会一般面向全体学生，紧扣普遍性问题，注重理论联系实际，容易引起学生的兴趣，产生互动。学生来自不同的地区，拥有不同的家庭背景、学习方式和生活习惯，面对相同的问题，他们往往会存在不同的看法。在意识的引导下，他们会以一个平等主体的身份与其他同学进行互动交流。他们都有表达自己和了解别人的欲望，所以在互动过程中表现得较为积极。通过这种互动，他们可以充分表达出自己的观点，有更多的机会去了解他人，从而学会关心和信任他人。

二、主题班会的价值理念

第一，师生平等的理念。主题班会既不是单方面地以班主任为中心，也不是单纯地以学生为中心，而是班主任主体与学生主体之间的双向互动。他们在班会中通过这种平等互动而不断推进彼此的发展，最终达到共同提高的目的。

第二，提高班会的吸引力。主题班会具有生动活泼的表现形式，常见的有讲故事、唱歌、舞蹈、相声、小品等，这些丰富多彩的表现形式适应了学生身心发展的需求，能使他们受到情感上的激励与艺术上的熏陶，因而深受学生欢迎。班主任在设计主题班会时，应注意寓教于乐。

第三，丰富班级德育的内容。主题班会一般从学生的现实生活中取材，内容上涵盖了入学教育、学习教育、安全法纪教育等方方面面，这些内容使得班主任能够针对不同阶段的学生，选择不同的教育内容，运用不同的教育方法，对学生进行个性化辅导，使得学生能够从体验式的班会活动过程中领悟德育的内容，拓展其生活空间，帮助其更好地适应日常生活，理解周围世界并促进他们有条理地思考、有效地表达和交流，运用理性的思维方式洞察现实社会，解决日常生活中的问题，进而形成勇于探索、勇于创新的科学精神。

第四，完善班级德育的环境。主题班会氛围轻松活泼，能够调动全班同学参与活动，这有助于形成良好的德育环境。学生在这种环境中会无形地受到熏陶和感染，从而提高自身的德育素质。

第五，提高班主任管理水平。班主任是学生日常德育和管理工作的组织者、实施者和指导者。他们既要协调授课教师、学生干部等从不同的角度开展日常德育和管理工作，也要围绕学生学习、生活中的实际问题开展日常德育，这些都对班主任提出了很高的要求，要求他们必须具备良好的语言表达能力、人际沟通能力、组织管理能力以及文书写作能力等，成为学生德育的专门人才。主题班会为班主任锻炼和提高这些能力提供了很好的平台。通过召开主题班会，班主任学会了如何根据学生的特点来选择主题，如何根据主题选择形式，如何组织并调动全班学生参与的积极性，让学生在接受德育的过程中自身也获得了美感，体会到了快乐，享受到了愉悦。在这一过程中，班主任的语言表达能力、人际沟通能力、组织管理能力、文书写作能力都会得到很好的锻炼和提高，从而提高学校班主任队伍的整体工作水平。

三、主题班会的分类

（一）咨询答疑式主题班会

学生生理和心理的发展变化比较快，容易出现心理问题，带来很多的困惑。青少年时期是人的一生中心理问题和心理困惑最多的时期，成人的大多心理问题根源都在这一时期，这就要求班主任必须关注学生的这些心理问题，针对这些心理问题设计召开一些主题班会，帮助学生解决这些问题，以促进他们的健康成长。根据学生的现状，可以组织以咨询答疑为主要形式的主题班会，班主任可以事先调查确定学生最关注和最期望解决的问题作为咨询答疑的主题，邀请任课教师、学生代表、资深领导或心理专家作为答疑的人选，学生就选定的主题提出问题，答疑人根据自身的经验和掌握的理论进行解答，帮助学生排除一些心理上的困惑和烦恼。

（二）模拟扮演式主题班会

教育的效果不是取决于班主任讲了哪些内容，而是学生从中体验到哪些内容，要想让学生接受班主任的要求，培养学生良好的行为习惯，必须使学生进行深刻的体验，而让学生在不同的环境下扮演不同的角色恰恰是增强学生内在体验的有效手段。因此，班主任可以根据主题选择好需要学生扮演的角色，定期召开模拟扮演式主题班会。

（三）专题报告式主题班会

学校教育具有一定的规划和专题，而这些教育大多要通过班级加以落实，在这种情况下，班主任可以根据学校的教育专题以报告的方式召开主题班会，这种班会的特点是围绕确定的主题邀请有较强的示范性和权威性的人做报告。专题报告式主题班会的主题大多比较明确、集中，主讲人员较为固定，具有明显的教育和导向作用，容易取得较好的教育效果。但是在组织这类主题班会时，班主任要能了解和把握学生的思想脉搏，选择学生最关心的问题和渴望解决的困惑，还要选择好主讲人，因为这类主题班会的效果在一定程度上取决于主讲人的权威性和影响力，是借助个人的影响力达到既定的教育目的。

（四）现场体验式主题班会

现场或现身的说法往往更有利于加深学生的体验，增强教育的效果。对此，可以针对学生喜欢参与各种活动、喜欢走出去的特点，充分利用现场的有利条件开展以现场内容为主题的班会。

（五）成果汇报式主题班会

教育不仅是为了让学生获得知识，还要注重培养学生的能力，这就需要引导学生积极走向社会，走向更为广阔的空间，积极参加好社会调查等社会实践活动，以促进学生获得知识，增强学生的社会责任感。班主任在组织学生参与社会实践活动时，要对学生提出召开成果汇报式主题班会的要求，让学生不仅要积极参与活动，参加后还要有成果、有体验。在这样的班会中，学生汇报了在调查中的发现，参与活动的体验，展示了自己取得的成果。通过彼此之间的交流和成果的展示，增强了学生的自豪感和成就感，从而激发学生参与这类活动的积极性。

（六）经验交流式主题班会

学生在校期间的主要任务是学习，学生的成败在很大程度上是看他们的学业成绩。素质教育要求面向每个学生，学生学习成绩的提高和能力的培养，离不开好的学习方法。而学习方法和思维方法的掌握，除了靠学生自己的摸索和实践，也离不开教师的指导和训练。鉴于这一点，班主任可以利用主题班会有计划、有步骤地安排学习方法专题讲座或咨询，召开学习经验交流会，让各科课代表或成绩优秀生介绍自己的学习方法，通过对其他同学学习方法的借鉴，学生就可以找到适合自己特点的学习方法，从而实现学习成绩的提高。

（七）才能展示式主题班会

培养学生的自信心是班主任工作的重要内容，但学生自信心的培养不是一朝一夕就可以实现的，需要班主任在平时注重营造各种机会，让学生体验到成功，增强学生的自豪感。因此，班主任可以在充分了解每个学生特长的基础上，多次组织以才能展示为主题的班会，这些班会大多以擂台赛为形式组织，把班级的学生随机或自由组合成各竞赛小组，通过打擂的方式展示，以小组的成绩作为评奖的依据，这样的班会不仅使每一个学生都有了成功的可能和展示自己的空间，也有利于培养学生的合作意识。

（八）娱乐表演式主题班会

学生具有较强的好奇心和探究欲，教育活动的效果在一定程度上取决于学生的参与程度，形式新颖、娱乐性强的主题班会往往能够满足学生的好奇心，调动起学生参与活动的积极性。因此，班主任可以设计一些娱乐表演式的主题班会，将深奥的教育道理寓于活泼轻松的游戏之中，使学生在不知不觉中受到教育，即使是严肃的主题也可以在不偏离主题的情况下，让学生采取自编小品、合唱等形式进行组织，以达到提高教育效果的目的。

（九）专题辩论式主题班会

学生喜欢辩论，因为辩论可以使学生分辨一些问题。因此，班主任可以针对学生易混淆、理解不深的问题设置专题，将班内的学生分成正反方进行辩论，正反双方各自阐述自己的观点，围绕本方的主题同对方辩论，最后各方派一名代表做总结，这种形式所涉及的论题都是学生非常感兴趣的、平时讨论的热点问题。通过辩论学生弄清楚了那些容易混淆的问题，也能够培养学生是非分明、立场坚定、逻辑严密、论证充分的思维方式，提高学生的口头表达能力，这种类型的班会将知识性与趣味性融合在一起，能够激发学生的求知欲，使学生在欢乐轻松中受到教育。

四、主题班会的设计原则

（一）设计立意选题的原则

1. 教育性原则

教育性，即任何一个主题班会，都必须有利于让学生学会做人。确定一个主题班会是否具有教育性的标准为是否有利于学生成人，具体而言是否有利于学生道德修养提高、意志品质养成、促进智力发展和促进体育、美育的开展。主题班会开展的活动必须寓教于乐，乐中含教。主题班会主要是开展六类主题教育：生命教育、责任教育、感恩教育、信心教育、挫折教育和养成教育。

2. 计划性原则

学生道德、意志品质的养成是按一定的步骤循序渐进的结果。学生的成长是分阶段的，每一个阶段都有自己的特点，在成长过程中，学生的心智逐步成熟，抽象逻辑思维不断发展，辩证思维也迅速发展的过程，期期有变化，学校德育工作的重点和任务应有相应的调整，其中必然要求每个阶段的主题班会其主题有所不同。主题班会立意选题要有整体规划、学期计划，做到主题序列化。

3. 针对性原则

主题班会的立意选题一定要有针对性。①要针对教师知识储备、气质类型等教师素养的实际而定。不同班主任的教师素养是有差异的，教师作为一个主导者要善于扬长避短，整合资源，为主题班会添彩。②要针对学生发展成长需要的实际而定。班主任要通过主题班会进行"传道""解惑"，同时有哪些是必须教会他们的，也必须通过主题班会进行引领。要针对这一阶段学生关注的内容、针对学生的发展成长过程及实际来设计。③要针对班级和学校的实际来定。

（二）设计组织实施的原则

1. 整合性原则

整合性原则主要包括：①教师的主导作用和学生主体作用要整合。教师在主题班会中始终是起主导作用的，虽然要发挥学生的主体作用，把班会的主动权交给学生，做好导演或策划工作，作为活动中的一个角色，要举止大方，情绪饱满，有亲和力，语言言简意赅，富有艺术性。整个主题班会师生之间、生生之间融合性、互动性强。②媒体演示和语言解说要整合。在主题班会的组织实施当中，教师常常会使用媒体资料，在使用媒体资料时要有教师或同学的解说，若没有语言的讲解和对图片深入的解释，学生很难理解图片所表达的内容。③班级资源和社区资源要整合。在主题班会组织实施中有时能够整合班级资源和社区资源效果会更好，如进行感恩父母主题班会时，若能请父母一起参加主题班会，班会的实效性会更强。

2. 新颖性原则

新颖性是针对主题班会的形式而言的，要做到形式丰富多彩、学生喜闻乐见，从而有效地调动学生的兴趣，以达到追求的教育效果。除采用常用的主题演讲、座谈和辩论、经验介绍、调查成果汇报、文艺表演、讲座交流等形式外，还可参考电视综艺节目形式，也可参考其他生产、生活情景，也可吸取心理学试验的某些方式，体验后谈体会和感受，通过游戏可增进人与人之间的信任，增强责任感。

（三）设计总结提升的原则

1. 引领性原则

引领性是对学生进行价值引领。在班会活动中，学生往往能形成一定的"价值表象"，这些课堂生成或表现出的多元"价值表象"往往深浅不一。在总结提升时，教师要有目的、有艺术地引导他们达到情理相通的教育目的，教师可引导学生形成做事要坚持遵循客观规律和发挥主观能动性有机结合的价值观。

2. 合一性原则

合一性是班会上形成的认识和班会后的行动相统一，即知行合一。为巩固班会课的效果，引导学生将价值观念转化为自我要求，引发自我教育，并付之于行动。教师通常在总结提升时可形成一些特定的有精神寄托的物质载体，可提炼成班级文化建设的重要内容，班会结束后可将班会上达成的共识用班级制度的形式付诸实践，进行"追踪教育"。

第二节　主题班会的实施策略

一、营造良好的主题班会教育环境

"主题班会不但要主题鲜明，具有针对性，而且要内容丰富、形式多样，从多方面、多角度进行引导教育，培养学生优良的思想品德，使学生的综合素质不断提高，各方面能力不断加强，促进良好班风的形成。"[1] 主题班会不仅要完善德育评价体系，重视落实学

---

[1] 叶婉桂：《谈谈如何设计主题班会》，载《课程教育研究（新教师教学）》2016年第9期，第256页。

校关于主题班会的管理制度，还要拥有良好的教育环境。主题班会开展过程必须强化道德教育，鼓励、引导学生在课堂上积极发言，积极思考，在平等、自由、开放的语境中达成师生间的相互理解与道德共识，以德育主题班会为例，主要包含以下方面。

（一）强化道德教育

德育主题班会要将发展学生内在的道德品性作为出发点和落脚点，不仅要重视学生是否遵守了规则，更需要重视的是学生能否理解规则背后真正隐含的思想和意义。

1. 借助主题班会增加学生的情感体验

无论哪个方面的体验，对学生而言都是促进其道德水平提升的宝贵财富。教师应为学生创设体验积极情绪的环境。在教室里，为学生在学习上创造互相指导课程的条件与时间，让学生互相分享自己的学习经验与方法，让学生体验被帮助的感动和帮助别人的快乐；在班级中，经常举行有利于学生团结合作、凝聚力量的活动，让学生体验合作带来成功的喜悦。教师还可以利用主题班会为学生创造校外活动的机会，真正让学生到社会中体验服务社会、奉献社会的精神愉悦之感。积极的情绪体验不仅可以使学生不总以自我为中心思考问题，也能真正使学生在精神上得到满足。

2. 引导学生从道德视角思考问题

在教育目标上，教师应从学生自身、他人以及班级整体等方面来引导学生思考自己的所作所为造成的问题和影响。对比性的思考，不仅要让学生明白遵守规则利大于弊，还要最终上升到道德层面：学生遵守了规则是出于对班级同学的尊重，同时也是为了被人尊重，规则的制定不仅仅是为了约束人，也是为提升道德水平做前提。

3. 培育道德习惯增强学生的道德理性

道德教育是为了使学生将道德知识内化于心，继而以外在行为显现，也就是说要让学生在面对问题时，从"我该怎么做"经过"我要这么做"的教育阶段，最终到达"我应该这么做"的理性阶段。①学生处于"我该怎么做"的阶段时，说明学生的道德判断能力还有待提升，还不具备自主独立的思考能力。因此，教师要在对学生的道德教育中充分体现学生的自主性，引导学生运用理性的思维对待问题，用科学的方法解决问题。学会自己面对问题时，要冷静思考、注意观察，进而分析问题出现的原因，最终得出解决方法。②"我要这么做"就是将学生所内化的道德知识通过经常性实践而逐渐养成一种道德行为习惯，这时学生的道德理性尚未形成，但学生已经有了自身的想法，对教师不全是言听计从，规则的权威性对他们而言越来越弱，但他们还只是以自身习惯去处理问题，所做决定的对与错还未能多加思考。因此，要让学生道德行为习惯养成的同时，增加一份道德理性。③"我应该这么做"就是培养学生的道德理性阶段，这时学生不仅已经形成道德习惯，且道德判断能力也得到了提升，从而在面对问题时，学会了从多方面思考利弊，清楚自己所做决定是否符合规则，且是否与公民道德相向而行，自己应该承担哪方面的责任以及能否承担得起，真正懂得该如何处理问题更为妥帖。

（二）师生理性参与

在主题班会开展的整个过程中，要处理好主导和主体之间的关系，即教师和学生的关系。在主题班会开展过程中，学生应该占据主体地位，真正成为德育主题班会的教育对象。因此，班主任要带好头，做好主导者的榜样，班主任要对主题班会的准备、设计、组织、实施等情况全部了解，根据情况对学生进行必要的指导，学生要发挥自己的主体作用，积极主动地参与、学习、思考、分析主题班会中学到的德育知识，牢记在心而后化为行动。只有教师和学生认清自己在主题班会中所扮演的角色，且分工明确、各司其职，才能达到主题班会的德育效果。

1. 师生平等参与

师生平等参与，教师要允许学生质疑与论证。在主题班会开展过程中，学生不可避免地会质疑班会的某些内容，产生自己的想法。此时，教师就应该鼓励学生大胆表达自己的观点和意见，或进行师生之间的交流，或进行学生之间的探讨，但学生在质疑后，必须给出自己的理由，无论这种理由是否正确、能否说服众人，整个班会就应该形成平等和谐的氛围。

2. 尊重学生的道德偏好

尊重学生的道德偏好，允许学生持有自身的道德立场。主题班会是为了对学生进行道德教育，是对学生的道德认知进行一定的指导和深化，学生在接受主题班会的道德知识之前就已经形成了自己对道德的一定认识，主题班会中德育的实施只是在学生原有道德认知的基础上，给予指导和加强。因此，主题班会中的德育内容与学生原有的道德认知难免产生冲突，这时候教师要理性地对待问题，学生有自己坚持的道德准则，教师应在尊重学生道德立场的基础上，学生考虑不周全就给予指导，学生道德方向没有问题就帮助其继续深化和加强。

3. 形成包容的良好氛围

师生、生生之间要形成非排斥性、包容的氛围。学生有自己的主张、见解和道德立场是值得鼓励和持续发展的，但他们很多思想和观念都还不是特别成熟，因此，学生在提出的疑问和观点以及所坚持的立场难免会有偏误。遇到这样的问题时，教师要持包容的态度去对待学生，引导学生向着正确的方向转变观念，也可以从其他角度表扬学生敢于提出自己的观点、坚持自己的立场。与此同时，也要引导学生在进行道德问题的探讨时，要以尊重、理解对方为原则，以德育目标为依据，要在肯定对方的同时，积极表达自己的观点和主张，通过和谐、友善的交流和探讨，最终达到主题班会制定的德育目标。

（三）坚持严慈相济

班主任严慈相济是促进学生积极参与主题班会的重要方法。主题班会中要解决的问题都与学生有关，学生是主题班会活动的主体。因此，班主任要对学生严慈相济，"严"要"严"得能使学生认识到错误，并对学生进行教育、引导和监督，使学生明确如何对、如何错，错在哪里、怎么改；"慈"要"慈"得恰到好处，对表现好的学生以普遍表扬为主，点名表扬为辅，对学生进行适当的表扬与赞许，肯定优于鼓励，激发学生为班集体做贡献的积极性。同时，班主任要放权给学生，让学生自主总结、评价班级近期生活。班主任要创造机会和条件，鼓励学生大胆表达自己对班级的看法，勇敢提出班级存在的问题，引导学生坚持实事求是的原则，要说真话，要实事求是，在自己验证过"真伪"的基础上，为存在问题的学生提出问题和改正意见，再针对事情做有理有据、真实的评价，不因私人感情去迎合事件本身。

班主任要保持清醒的辨别力，只以观察和注意的方式听取学生的意见和建议，让学生在轻松的环境下参与主题班会。无论是班主任还是学生，对班级的人和事进行评价时，提出问题不是重点，提出修改意见并最终得以改正才是重点和落脚点。因此，班主任和学生都应该以恰当的措辞结合适量的情感因素，对班级不容乐观的现象和表现较差的同学给予适当的批评，重在说出真实问题，进而引导其重视问题、解决问题，既保护学生发言的积极性，也保护表现不好的同学的自尊心。

二、培养与提高班主任的专业素质

主题班会作为德育实施的一个重要途径，其主要实施者就是教师，而教师的观念和行为以及教师组织主题班会能力的高低都是影响主题班会开展的主要因素。因此，结合学生实际，有必要从以下方面培养与提高教师的专业素质。

（一）以学生实际充实主题班会内容

道德伴随着学生的日常生活，并时刻影响学生的日常生活，在德育主题班会中，要想找到切合学生实际的内容，教师就要有洞察学生的学习生活、敏锐发现问题的能力。与此同时，教师还必须在发现问题的基础上，对问题有进行归纳、整理和分析的能力，并以此总结出满足学生需求和发展的主题班会。而主题班会中教师也要根据学生的年龄特征、身心发展去确定主题。在主题的设定和内容的选择上应结合学生实际、学校实际、社会实际，使主题班会以生活化的方式实现对学生的德育教育。

德育主题班会的开展是要在生活中实实在在存在的且接近学生实际的案例中提取主题班会主题。接近学生实际的主题才能首先激发学生参与主题班会的热情，学生会在理解主题的基础上继续确认此次主题班会是否与自身的生活有关。学生心里对主题班会产生了这样的疑问，便成功吸引了学生的注意力，由被动参与转变为主动参与。班主任要将生活中的案例作为主题班会的内容，以此教育和指导学生在自己未来的生活中面对问题时更能辨明是非、游刃有余。以主题吸引学生想要参与主题班会之后，并不能说明学生会全程参与，因此，要做到主题班会的内容设计真正贴合学生生活。教师也可以以自己为例，以学生身边人的身份参与情境演出，让学生在自己的身上找出优点和不足，这是生活知识的一种迁移，让学生从身边人的身上有所收获。要以生活教育为基础，进行方方面面的渗透和影响，最终落实到生活的点滴之间。

（二）以兴趣为创新点的主题班会

要想开展好主题班会，学生的兴趣培养是关键，而学生兴趣的培养关键又在于教师对主题班会的把握程度，即教师是否将学生置于主题班会的主体地位，让学生真正参与到主题班会当中；教师自身是否成功变身为主导者的身份，让主题班会得以顺利开展；教师是否在主题班会中起到了引导的作用，让学生参与热情高涨，甚至引起学生的内省；并且教师自身是否以足够的热情和重视开展主题班会，让学生感受到主题班会的重要性。因此，教师的专业素质是主题班会成败的重要因素，提高教师专业素质刻不容缓。

要想实现主题班会在形式上的灵活运用，就要进行形式的创新，而创新的依据便是学生兴趣，也就是说教师要在满足学生兴趣但不脱离学校德育要求和目标的基础上，在主题班会的开展形式上独辟蹊径，即使运用平常的班会形式也要结合内容上的新颖，又或者可以放权给学生，由学生设计，需要用灵活多样、切合学生实际、满足学生需求的形式吸引学生的参与。教师可以对学生进行分组，让学生小组选出组长进行安排每个组员需要做的工作，他们自己喜欢哪种形式就会按照他们自己的兴趣设计哪种形式。小组设计的各种形式可以根据主题和内容进行选择，不仅能让学生的思维、组织能力得到锻炼，小组形成竞争合作的趋势，还能激发学生的参与兴趣。

（三）多媒体资源与主题班会相结合

随着科技的发展，很多学校的教育资源随之越来越现代化，多媒体已经基本走进校园，走进教室，成为新时代教师教学的必备手段，教师尽可能多地利用多媒体资源作为主题班会的辅助手段，收集与主题相关的新闻材料、图片、视频、音频等资源增加主题班会的趣味性、直观性和教育性。教师要运用多媒体资源对德育内容进行直观放映，让学生有视觉上的直观感受。

多媒体放映对学生而言是被动的影响，要想变被动为主动，教师就要引导学生正确使用现代科技产品。教师应该亲自进行实践，将真正为教育而做的良心软件推荐给学生。主题班会与多媒体的相互融合，是教师在主题班会探索创新中的必经之路，而要想实现二者的相互融合，就要提高教师运用多媒体的能力。学校可以通过集中培训的方式加强老教师对多媒体的了解和学习，教会他们使用多媒体基本的办公和上网软件；也可以鼓励老教师向青年教师学习如何使用多媒体搜索材料、获取所需信息，并适当将各种资源结合起来使用。多媒体资源与主题班会的结合，不仅使学校教育资源得到了合理充分的使用，也丰富了教师教育的内容、方式和方法，是对教师完善专业素质最好的补充；对学生而言，不仅增加了学生学习的渠道，增长了学生的知识见闻，同时也为师生开展主题班会提供更多的内容和形式，增强主题班会的趣味性，调动学生的参与积极性，提高主题班会的德育实效性。

三、提升学生在班会中的参与意识

学生应是主题班会的主体，教师为引导者，只有主题班会以学生为中心，围绕学生进行德育教育，增强学生的主体参与意识，才能使学生主体意识真正融入主题班会中。

（一）主题班会活动更具体、更直观

主题班会要想真正被学生接受、真正走进学生心里，就要一定程度上满足学生需求，使主题班会程序具体化，以此使学生乐于参与到主题班会活动中，这样才能使活动更具有

教育意义，主题班会质量也才能进一步提高。

主持人是主题班会得以循序渐进的重要引导者，关乎主题班会的成败，班主任应注重学生思维、语言、组织等能力的提升，通过各种方式将主题班会作为每一个学生展示自我的"舞台"。无论以哪种方式选择主持人，都要从学生的全面发展、以学生为主体的方向出发。主题班会主持人的选择之所以重要，其作用在于：①主题班会的主题需要主持人做出郑重宣布，这样不仅可以吸引学生的注意力，也可使学生心里有所准备；②主题班会中主题所蕴含的意义、主题班会活动开展的意义需要为学生进行详略得当的阐述，学生才能明确自己将要接收哪方面的知识以及如何接收，而主持人就是传递信息的最佳人选；③主持人是活动顺利开展的关键，为避免开展活动过程中出现混乱，需要主持人宣布活动进行的项目，学生的思维也可进行适当调整；④一个优秀的主持人总能调动参与成员的积极情绪，从而使气氛活跃起来。同样，主题班会中的主持人也应具备随机应变、灵活变通的能力，带动学生的积极情绪，使学生乐于参与其中，使主题班会向着既定的方向发展。

除此之外，要为主题班会创设一个开阔的地理环境，而不应一直将主题班会封闭在教室，教师应该在开展德育主题班会时，适当地使用多媒体、带领学生进行实地体验，以期达到预期的教育目标。

（二）由学生确定主题班会的内容和形式

在主题班会中，学生是发展主体，是主题班会活动的教育对象，因此，学校和教师可根据中学生的年龄特点及认知程度，拟定适合学生发展的德育目标，而主题是整个班会的灵魂。学校应该组织教师去鼓励学生自主确定班会主题，在具体实施中，教师可以将学生分成若干小组，每个小组选出具有组织能力的组长，由组长带领并分配组员或对班集体进行现状调查和分析，或对同学生活所需进行观察和总结，或关注社会中的热点等，而后进行评估所调查到的问题有无必要开展班会，以此最终确定班会主题。由学生确定的主题，不仅可使学生都有一个清晰的认识，也可以让学生轻松参与到班会中来。

要想充分发挥学生的教育主体地位，组织学生对主题班会进行内容与形式的自主设计至关重要。学生对内容和形式的设计必然符合其自身的需求，同样也为其所感兴趣，因此，班主任要在引导学生充分了解班会主题教育意义的基础上，给予学生自由空间，让学生自己依据主题去收集相关材料，并加以整理；或者考虑到学生学业繁忙，班主任可以对学生进行分组，由小组组长将收集、整理等任务分配给小组成员。在主题班会开展前可进行小组汇报，师生可以通过讨论的方式，以与学生生活联系紧密、有教育意义、与时俱进为讨论依据确定主题班会内容。在此基础上，班主任可组织学生依据主题和内容讨论主题班会开展形式，引导其选择自己感兴趣、有利于其身心健康发展的形式。班主任须对各个小组所做的工作进行评比，使认真完成任务、付出努力的小组和学生个人得到鼓励和表扬，鼓励学生自主确定班会主题、内容和形式，是要在班主任大胆相信每一个学生的情况下，让每个学生都能发挥自己的才能，以分工、合作、讨论等各种方式使学生参与到活动中，积极建言献策。

（三）多维度的反思评价与跟踪教育

主题班会应该是有组织、有计划、有针对性、有实效性的教育活动，因此，主题班会开展结束并不意味着整个教育过程的结束，后续的反思评价与跟踪教育是主题班会验证其教育效果的重要环节。

班主任要认识到反思与评价的重要性并组织学生进行自我反思与评价，这对于学生的自我能力又是一大提升。班主任要从主题班会开展前的预备工作、开展过程、开展效果三个阶段进行反思与评价，并且反思其教育理念及教育方式、方法是否符合学生的需求，做出反省与调整，并对自己所做的工作进行评价，或肯定并加强，或推翻并修正，从而不断提高其组织主题班会的能力；学生进行自我反思是要从自己在主题班会开展前所做的准备、开展过程中的参与情况及表现进行深入思考，并对自身的全程表现，即收获和欠缺的地方进行自我评价。与此同时，班主任与学生平时接触最多，主题班会中的教育反思也可以是师生之间的互评，班主任也要通过对主题班会整个过程最后的分析与总结，给予学生适当的肯定、支持与赞许，不足之处应要求并鼓励其反省与改正，这样不仅可以使学生在思想上得到很大的进步，生活中成长得更快，更有利于主题班会在批判中汲取经验。除此之外，学生与学生之间也最为了解，学生也可以对自己的同学进行评价，而这样的评价必须是以自己的实际观察为评价依据，对同学进行最真实而不带私人感情的评价。学生可以通过其他同学为自己所做的评价修正自身存在的不足，其他同学也能以此进行对照自己身上存在的问题，同学间的相互影响可以使学生的道德水平得到更大更快的提升。

在学生自主设计主题班会并开展结束后，班级成员进行系统、全方面反思与评价必不可少，但主题班会要想得到真正意义上的完整，就要对学生进行跟踪教育，即对开展主题班会之后的效果进行反馈和加强。班主任、负责小组和其他班干部要适时观察、获取并掌握学生在接受主题教育后的具体表现，及时引导还存在问题的学生认识问题并做出修正，如再次对学生进行简要讲解教育内容，或督促其写感想和认识，还可以在班级选择做得好的学生为同学树立榜样等，以使主题班会的内容深深植入学生的内心并付诸生活实践。

第三节　主题班会的评价体系

主题班会的评价是学校教育工作中的重要组成部分，关乎学校教育实施的有效性。加强学校对班会评价形成正确的认知，真正落实到行动上，不断完善主题班会评价体系迫在眉睫。以德育主题班会为例，评价体系主要包含以下方面。

一、评价内容多元化

在德育主题班会评价中，教育对象是主要评价内容，德育的结果至关重要，德育的过程也是不可或缺的关键因素。因此，班主任应该重视德育评价内容的扩充与完整，使德育评价内容多元化。一方面，参与德育教育的对象，即教师、学生以及除此以外的其他德育教育参与者，德育评价不仅要对学生进行评价，还要对教师等其他教育参与者进行评价。另一方面，从德育的整个过程而言：①要对德育中的人做诊断性评价，即学生在接受道德教育时，要对学生本身的知识、情感、技能等状况进行预测，了解学生的知识基础和准备情况，考察学生原有的道德水平；②要在德育进行时，对学生学的过程进行评价，即学生学习的过程是否完全经历学习、强化、反省、修正等阶段；③要对教师教的过程进行评价，即教师进行德育教育时是否遵循中学德育原则，所使用的德育方法和途径是否合理，是否适用于当前教学阶段的学生；④要对德育教育的结果进行评价，即德育活动的开展对学生的道德有无提高和强化，教师所设计的德育内容是否具有教育性和道德性，对德育资源，如多媒体资源等教学资源的使用是否充分，整个过程的运行是否有制度保障，使其平衡和稳定发展。

对德育主题班会评价内容的明确并不能说明学校德育评价内容体系的完善，更重要的是，在明确评价内容的基础上，以一定的评价标准为依据，尊重评价对象的特性和需要，寻求和使用理性的分析方式，进行恰当、合理的德育评价。对学校德育评价内容进行全面的审视和重整，有利于学校德育评价内容的完善和系统化，也有利于构建科学完善的学校德育评价体系。

二、评价方式多样化

评价并不是为了进行测量，从而得到一个分数，学校对学生的德育评价也不应是以分数为主的量化评价，而应该根据学生这一评价对象本身的复杂性去使用更加多样的评价方式。教师在教的过程中有很多影响结果或效果的因素存在，如教师教的方法，使用的教材以及教师所选取的教育内容等。与此同时，在德育活动开展过程中，学生作为评价对象的主体，其复杂程度与对教师教的评价有过之而无不及，如学生在原有的道德认知上是否有所加强，德育教育是否引起了学生情感上的共鸣，从而实现反思、内省，并转化为实际行动，这些变与不变的因素都真实体现在德育教育的过程之中，只对结果进行评价便显得偏颇且失真。注重过程，对学校德育实施的效果或利与弊做出整体的评判，使学校德育实现系统化。主题班会评价要突破量化评价的方式，以质性评价为主，质性评价和量化评价相互配合的方式进行德育评价。量化评价简单公平、理性客观，但将复杂的教育现象简化为数量的比较，容易以次充好；质性评价更看重所评价对象的价值和特点，并以此为依据进行详细准确的观察、记录、描述和分析，而后做出判断，但有些人情化，存在分析困难的问题。因此，应该以质性评价为主，并且与量化评价进行有机结合，二者同步实施，形成德育评价互补性，一定程度上能促进德育评价的科学性、合理性和完整性。除此之外，还可以对学生或教师进行单独谈话；让教师对德育过程进行书面反思和总结，学生进行书面感想和反馈；还可以在德育活动过后开展集体性的发言，谈论感想与实践情况。多种方式合理适当地搭配使用，使德育评价更完整、更真实。

三、评价结果与实践过程相结合

学校德育评价主要针对学生进行思想道德层面的考量，学校实施德育主题班会的评价，一方面，要回归学生道德发展的需要；另一方面，要深入探索德育真正的内涵。在对学生进行评价时，应公平对待每一位学生。从多方面进行考虑和衡量，与实践过程相结合，与学生实际生活中的表现相适应，这就要考察教师在平时生活中对待学生的态度是否存有偏见，是否仔细观察和关注过自己班上的学生。与此同时，不以成绩为主，以学生的品性、对待教师的态度以及与同学之间的关系等生活细节为主、成绩为辅来给予学生正确、全面的评价。"学生道德发展是学校德育的基本工作，任何学校道德教育教学活动都要为做好这一工作而努力奋斗，德育评价也不例外，因此，德育评价应是学生自主自觉地进行道德层面思考、判断与修正，以及从他人那里获得启发和借鉴。"[1]

---

[1] 白海虾：《中学德育主题班会开展现状及对策研究》，西安理工大学 2020 年版，第 46 页。

第六章 新手班主任家校合作策略

第一节 教育力量的协调与统一

学生在成长过程中，必然要受到教师、家庭以及社会各个方面的影响，要使学生在德、智、体、美、劳诸方面都得到全面发展，就需要把各种教育影响统一起来，使之相互配合、相互协调，组成立体的大教育网络，产生同步的巨大的教育合力。在立体的大教育网络中，学校应充分发挥其主导作用；而在学校教育网络中，特别是在班级教育网络中，班主任又是核心。若没有班主任，优良的班集体便难以形成，各种教育影响作用的发挥也就势必受到一定的限制。因此，建立教育网络，形成教育合力，是班主任班级管理不可或缺的内容和任务，也是班主任班级管理的一个重要条件。

一、协调与统一校内教育力量

班主任协调统一校内教育力量的内容很多，包括任课教师的教育力量、学校领导的教育力量、团队组织的教育力量、班级的教育力量等。只有实现教书育人、管理育人、服务育人、文化育人的协调统一，才能更好地对学生施加有效的教育影响。

（一）协调统一教师的教育力量

班主任必须有意识地发挥自己的纽带作用，把任课教师的教育力量统一起来，从而做好班级管理工作。

1. 教师在班集体建设中的作用

教书育人是教师的神圣职责和光荣任务，每一个任课教师都是班级的教育者和管理者。因此，任课教师以及由任课教师组成的教师集体，在班集体建设中起着十分重要的作用。

（1）为人师表的榜样作用。教师集体是学生成长过程中最早接触的、最为接近的成人集体，它给学生提供了集体的初步观念和榜样。教师集体的团结一致、相互协作的集体主义精神，认真备课、上课、课外辅导、批改作业的工作态度，关心、支持、帮助学生的优秀品质，勤俭节约、艰苦朴素的生活作风，处处为学生树立着榜样，时时刻刻成为学生模仿和学习的对象。学生及学生群体在这样一个教师集体的长期熏陶下，就能逐渐形成正确的集体舆论和优良的班风，对学生的健康成长，对班集体的形成有着不可估量的作用。

（2）教书育人的合力作用。一个班级的各门学科的任课教师，如果能携起手来，共建班集体，就可形成一股巨大的教书育人的合力，配合班主任管理育人的力量，共同促进班集体的建设。各任课教师协调配合，帮助学生提高认识，克服亲疏之分，同时，对平时不喜欢接近自己的学生加强了解，增加感情，增进友谊，这样就可以更好地形成一个教书育人的合力，从而促进良好班集体的形成。

2. 协调统一教师教育力量的要求

（1）向任课教师介绍学生情况。开学前，班主任向本班任课教师做综合介绍：全班人数、总的学习状态、班干部配备、有无新转入的学生以及学生家庭概况等。开学后，定期召开任课教师会，介绍全班学生德、智、体、美、劳等方面的发展情况和特殊问题，以及个别学生的特点爱好等，同时听取任课教师对学生有关情况的反映。经过共同商讨，教师集体统一认识，统一对学生的教育要求和教育措施，以利于全面推进学生发展。

（2）有计划地听课，共同研究改进教学。班主任听课的目的是深入实践，了解教与学的情况，为发挥纽带作用创造条件。从教的方面而言，可以了解教学进度、教学情况；从学的方面而言，可以了解学习纪律、学习情趣、学习方法、智能发展水平以及师生关系等，这些情况的掌握，有利于班主任进行教与学的协调，从而促进学生的全面发展。还可以邀请任课教师参加学生科代表会，直接听取学生对教学的反映，以利于教师自我调控，改进教学。

（3）协调任课教师布置作业、测验和自习辅导。适当的作业和测验，可以加强学生基本技能训练，了解学生的接受情况，起到改进教学的作用。班主任在调整各科作业量和测验次数方面应起"调度"作用，同时要统筹安排好对学生的辅导。

（4）沟通思想，协调配合，加强学生的德育。课堂教学是对学生进行德育的最有效途径。班主任是班级教育的首席责任教师，是对学生进行德育的核心人物。班主任应该与任课教师互通学生的思想情况，取得一致认识，通过多种渠道，发挥德育的合力作用，有效地加强学生的德育。在要求学生履行学校各种规章制度、维护班级荣誉、培养良好的班风等方面，都需要争取任课教师的密切配合。

（5）组织任课教师参加班级目标的制定。每个班级都必须有明确的奋斗目标。在制定班集体奋斗目标时，要组织发动任课教师参加，不仅能发挥任课教师的经验、智慧，更能使任课教师明确班级发展目标，得到他们的认同，以利于在日常教学活动中努力贯彻，使之成为班级师生的统一意志和力量，加速学生的成长和班集体的形成。

（6）树立任课教师的威信。班主任要有意识地通过主题班会，或通过组织学生走访任课教师，了解教师工作的辛苦，或利用庆祝教师节来增强尊师爱生的感情，使教学双方都有良好的心理气氛，从而促使双方的潜力都得到发挥。

（7）加强与任课教师之间的团结。有经验的班主任深知坚强的教师集体所形成的凝聚力和高质量的教学效果对班级所起的重要作用，因而十分注意维护教师集体的团结。班主任要密切与任课教师，特别是青年教师的联系，帮助他们解决困难。班主任只有与任课教师亲密共事，才能增强教师的凝聚力，才能有利于学生的健康发展。

（8）积极争取任课教师参加班级活动，这不仅能拓宽学生的视野，巩固学过的知识，发展学生的思维，提高课堂教学的"接受率"，而且能增强班主任与任课教师之间、教师与学生之间的团结，提高班级教师集体的凝聚力。

（二）协调统一班委会的教育力量

班委会是由学生骨干组成的、为班级服务的机构，它接受学校学生会和班主任的双重领导，班委会是班主任开展班级活动的助手，是联系班级学生群体与班主任的纽带，是促进全班学生全面发展的重要手段。班委会的主要工作内容是：协助班主任做好思想政治教育工作，增强组织纪律性，推动班级奋斗目标的实现；配合班主任教育学生努力学习，帮助解决学习困难，提高学习质量；在班主任的领导下，组织全班学生参加公益劳动和富有教育意义的集体活动，提高学生的道德水平和劳动观念；协助班主任搞好课外活动，使全班学生增长知识，发展特长、爱好，增进身心健康。班主任协调统一班委会教育力量的要求有以下方面。

1."双依靠"与"两统一"

"双依靠"，即班主任一方面要依靠教师集体，发挥其对班委会的指导与监督作用；另一方面，又要依靠班委会，使其当好班主任的助手。"两统一"，即班级教师对班级工作的要求、计划、安排等的认识统一，以增强整体教育效应；班干部对班级奋斗目标的认识统一，以加强班委会自身的凝聚力，协调配合开展工作。因此，在制订班级工作计划时，要让他们发挥主人翁作用，通过充分讨论，做到方向明确、步骤稳妥、措施实在、办法有力。在实施计划的过程中，既要具体指导，又要放手让班委会创造性地去开展工作，以培养他们的独立工作能力。

2. 以合理的结构组建班委会

班干部的基本条件是学习好、思想好、身体好，有一定的工作能力，愿意为大家服务。此外，还应注意班委会成员结构的合理性，即智能与气质特点两方面的合理搭配。班主任要充分了解班干部人选，让各具不同智能和气质特点的学生协调搭配，组成班委会，这不仅是班委会各方面工作角色的需要，而且容易使其成为团结合作、同心协力做好班级工作的领导集体。

3. 严格要求，树立威信

班主任要严格要求班委会，教育他们在班级活动中必须以身作则，发扬民主，尊重同学，带头示范。威信是班委会开展工作取得成效的重要因素，而威信的树立，既要靠班主任从组织上给予支持，为班委会顺利开展工作创造条件，又要靠班委会及其成员通过自身兢兢业业、任劳任怨、勤勤恳恳的服务去赢得同学的钦佩和信赖。

（三）协调统一领导的教育力量

领导与班主任的关系不仅是组织上、工作上的领导和被领导关系，而且还存在通过个人关系反映出来的道德关系。班主任是在学校各级组织领导下进行工作的，因而其工作必然会受到各级领导的认识水平、领导能力和领导态度的制约。班主任是全班学生的领导者，同时又是学校领导的领导对象，学校领导要把政策贯彻给学生，班主任工作是很重要的中间环节。班主任干好工作，一方面，需要取得学生的信任和领导的支持；另一方面，还要对领导尽职，对学生负责。只有把学校领导的教育要求、工作意图领会透彻，并正确地在学生中传达贯彻，才能更有利于班级工作的开展。班主任应向学校领导经常进行口头或书面请示、报告工作，反映学生的思想动态和状况、存在的困难和问题，提出意见、建议和要求，以作为学校领导研究部署学生思想政治教育工作的依据和参考。班主任应当自觉地把本班的一切工作严格地置于学校领导的监督之下，主动争取学校领导的指导和帮助。

（四）协调统一团队的教育力量

学校团队是在学校领导下的学生的群众性组织，他们是班主任做好班级工作的重要力量。班主任在建设班集体的过程中，要主动过问他们的工作和活动安排，关心他们的组织发展，做到和班级活动统筹兼顾、协调合作，充分发挥团队组织的先锋模范作用。班主任协调统一团队组织教育力量的要求有以下方面。

1. 协调班委会和团队组织的关系

班主任要重视班委会和团队组织之间的协调工作，使他们团结协作，充分发挥各自的作用。班主任要认真选好班长和团队干部，一般而言，对班长人选要着重考察他的管理能力，对团队干部人选则须着重考察他的组织能力。班主任要经常帮助和教育他们搞好团结，了解他们工作中遇到的困难，帮助他们解决各种问题。当他们在工作中产生矛盾时，班主任要及时帮助他们消除矛盾，团结一致，做好班级管理工作。

2. 协调班主任与团队组织的关系

学校团队组织是在学校领导下进行的，并不直接受学校行政和班主任的领导。班主任与团队组织的关系，不是上下级的领导关系，而是协调配合的关系。学校的教育工作是在学校行政直接领导和具体安排下进行的。因此，团队工作必须服从学校的教育任务。班主任既要指导本班的团队干部做好工作，使团队活动服从于学校教育工作计划，又要尊重班级团队组织工作的独立性，使他们服从学校工作安排。班级的团队干部既是班主任的依靠力量和得力助手，又是在学校团队组织的领导下开展工作的。因此，班主任在指导团队干部开展工作时，必须取得学校的支持，当班级工作与团队活动产生矛盾时，班主任要顾全大局，积极支持团队工作。

在指导团队组织开展工作时应做到以下五点：①班主任应协助团队组织制订工作计划。班主任在帮助班级团队组织制订工作计划时，要注意充分发挥团队干部和成员的积极性和主动性，要善于根据学生的特点，开展丰富多彩的活动。②帮助团队组织落实工作计划。班主任要经常与学校团队组织取得联系，了解学校团队工作的主要活动安排，使班级组织的活动与学校团队组织的活动步调一致。③帮助团队干部提高思想认识和工作能力。④协调团队组织进行思想政治教育工作，交流和分析班上学生情况，研究正确而有效的教育措施。⑤班主任也可以向团队组织反映情况、提出建议，协助做好组织发展工作。

（五）协调统一学生的教育力量

班主任作为学校教育活动的直接承担者，在开启学生的心智、塑造学生的心灵、陶冶学生的情操等方面起着十分重要的作用。在教育教学过程中，班主任必须和学生打交道，其与学生之间关系的好坏也正是班级工作成败的关键。因此，班主任必须搞好与学生的关系，班主任与学生之间形成协调、融洽的良好氛围，教育教学的过程和目标才能顺利进行和完成。班主任协调统一班级学生教育力量的要求有以下方面。

1. 理解是心灵沟通的纽带

班主任与学生之间应该进行心理换位，都能从对方的角度考虑问题，这样才能真正了解对方的心理。班主任如果能深入学生的内心，学生就会感受到自己被理解了、被关心了，从而增强对班主任的信任感，班主任讲道理学生就容易接受。班主任只有理解学生，才能使学生理解自己。班主任如果不能了解和贴近学生的内心世界，就会增加施教的难度，降低教育的信度和效率，因而班主任必须努力开启学生心灵世界的大门。要想做到这一点，必须和学生多交流、多沟通。班主任要从心底产生与学生交友的愿望，才能了解他们的所思、所想、所疑、所盼，才能真正把握班级和学生的实际情况，才能有针对性地不断调整自己的教育管理工作，从而取得良好的教育效果。

2. 平等对待不同学生

班主任应确立平等的观念，做一个公正严明的班级领导者。在同一班级的学生中，可能客观地存在着一些明显的差异，如家庭经济条件的好坏、学习成绩的优劣等，但这些差异应是班主任有针对性地开展班级教育管理工作的出发点和落脚点。

3. 组织多种活动

增进师生间感情、班主任与学生之间和谐关系的形成，需要思想情感的交流与沟通，需要师生之间的相互理解与尊重，而这一切都必须在接触与交往中才能做到。因此，班主任与学生共同参加一些活动，是增进师生情感，形成和谐融洽关系的有效途径。很多活动需要发挥团队精神和合作意识，班主任与学生一起参加这样的活动，必定会增加和学生之间的协调与互动，在合作中增进感情。如可以和学生一起开展体育活动，可以和学生一起开展文艺活动，可以和学生一起进行社会调查活动，可以和学生一起制订和组织策划活动方案等。

4. 合理运用批评

班主任对学生应该多鼓励、少批评，对学生在学习、纪律、思想等方面出现的问题和偏差，应该及时指出，耐心帮助他们、鼓励他们，对他们充满信心。在批评时，班主任要注意方式和方法问题。班主任批评学生，是为了提高学生的思想认识，达到改正缺点和错误的教育目的。班主任在对学生进行批评时，应注意批评的艺术和技巧，批评要符合学生的实际，要善于抓住要害；要注意学生的认识态度和情感基础；要注意批评的场合与气氛；要掌握批评的"规模"与"规格，要根据不同的对象，采取不一样的批评方式；要做好批评后的教育转化工作；批评要能触及学生的心灵深处，使学生真正认识到自己的错误，并知道今后如何改正。批评是相互进行的，班主任有时也会犯错误，对来自学生的批评，班主任要有宽广博大的胸怀，要接受学生合理的批评，采纳学生的意见和建议。一方面，班主任通过合理的批评，使学生认识到自己的错误并及时加以矫正，这样学生就会不断进步；另一方面，班主任也通过自我批评的方式，让学生认识到原来教师也会犯错误，而且还能进行自我检讨和改正，从而增进师生之间的心理融通和情感交流，进而形成和谐融洽的良好师生关系。

5. 充分运用表扬与信任

每个学生的身上都有"闪光点"，而且他们也都有一种希望自己被别人肯定的心理渴求。因此，班主任要抓住学生的这个特点，在进行教育管理的过程中，及时捕捉学生身上的"闪光点"并予以表扬，这将会激发他们身上的潜能，取得事半功倍的教育效果，师生之间的关系必将得到很大的改善。表扬是鼓舞学生前进的明灯，信任是促进学生进步的强大动力；积极的表扬会激发学生美好的感情，真诚的信任会推动学生的巨大进步。班主任的表扬和信任，必将会照亮学生的心田，使学生与班主任能够真正地心灵相通。

6. 提高自身职业素养

班主任与学生之间矛盾的焦点在于班主任如何评价学生的思想与行为，怎样不断塑造自身，使自己成为学生敬重的楷模，这一点是由班主任自身的道德、学识、个性品质等要素决定的。班主任要有崇高的道德修养、优良的心理品质和良好的人格魅力。只有当班主任自尊自爱、自强自信的人格魅力使学生深深折服的时候，他们才会找到人生起步的坐标点。自尊而不自负、自爱而不自封，举止得体、刚正不阿、儒雅可亲，正是班主任人格魅力之所在。班主任还要有积极的创新意识，不断采纳和应用新方法、新途径，不断更新自己的知识体系，从而真正胜任传道、授业、解惑的基本职责。

二、协调与统一家庭教育力量

家庭是由两个以上的人基于血缘、婚姻或收养关系而组成的社会单元，是社会的基本细胞。对于学生而言，保护正常发育与健康成长、提供爱和情感上的依恋、促进个体社会化、塑造健全人格等，是家庭教育的基本功能。在学生的成长和发展中，家庭教育起着奠基作用，其影响往往是终身的。

（一）家庭教育的特性

1. 天然性

抚养和教育孩子，是父母或其他年长者的天职。孩子一旦成为家庭中的一员，父母或其他年长者就自然而然地成为孩子的养护者和教育者。在基于亲情的家庭人际氛围和生活环境中，父母或其他年长者与孩子之间相互信任、相互依恋。一方面，父母或其他年长者有意识地对孩子施加影响，并通过日常生活的言谈举止、思想感情影响孩子，由此履行其作为养护者和教育者的责任；另一方面，孩子依赖父母或其他年长者，从日常生活交往之间获得关爱和温暖，不断成长和进步，由此让父母或其他年长者获得履行义务和职责之后的幸福感，并且在融洽与和谐的家庭氛围中体味着生命的意义与价值。不过，家庭教育的这种天然性也是有一定局限的，特别是家庭结构是否发生变化、家庭成员之间的关系是否融洽，以及父母或其他年长者是否从孩子的成长出发、家长教育方式是否得当等，都会影响家庭教育的效果。

2. 终身性

家庭教育与家庭共始终。尽管家庭成员之间的影响是双向、互动的，但对于孩子而言，父母或其他年长者不仅是最早的教育者，而且也是终身的教育者。孩子在父母或其他年长者身边长大，个人的生活习惯、学习方式、兴趣爱好、生活态度、为人处世、价值观念等诸方面，无不受到来自父母或其他年长者的影响，直至成人乃至独立生活、成家立业后，他们仍然与父母或其他年长者保持密切联系，在一定程度上接受来自父母或其他年长者的影响。从这个意义上来说，家庭教育具有持久性和终身性的鲜明特征。家庭教育的终身性，有利于增强父母或其他年长者的教育责任感，有利于密切亲情和人伦关系。随着社会变迁的不断加剧，家庭的结构和功能、人际交往、生活方式等，都在发生较为明显的变化，父母或其他年长者对于孩子在成人以后的种种影响已经变得非常微弱。

3. 感染性

父母的一言一行、一举一动时时刻刻都在影响学生的思想、行为和习惯。家长是孩子模仿的榜样。孩子模仿成人，先是模仿家长，包括好的方面和坏的方面。出于对父母或其他年长者的尊重、信任、依恋、爱戴和感激，孩子往往对他们的言行保持高度的理解、信任、认可和接纳，乃至在不知不觉中习染而成为个人的行为习惯。家长有良好的思想品德，孩子的思想品德往往也比较高尚。家长要随时检点自己的言行，以身作则，有意识地在学习、道德行为方面给孩子做出榜样，言教身教一致，才能教育好孩子。

4. 基础性

学生对家庭在物质上的依赖性和在感情上的依恋性，使他们能够对家庭产生心理上的安全感和归属感。孩子在心理上的这种安全感和归属感不仅是他们道德情感产生的基本前提，而且也是他们接受道德影响并自主发展自身品德所必需的土壤或养分。因此，家庭能够对学生产生先入为主的影响，是他们品德发展和德行成长的重要基础。不仅如此，由于学生自幼生活在家庭之中，他们在性情未定、心智待启之时，便无时无刻不受到父母或其他年长者的影响，并成为日后接受来自其他方面影响的基础，对于其他外在影响在一定程度上具有过滤和选择作用。直到进入学校以后，家庭教育所具有的这种感染性和弥散性依然起着极为重要的作用，并且无法被学校或社会等其他教育力量所取代。

5. 弥散性

相对于各种自发的环境影响因素而言，家庭教育对于孩子身心的影响是有目的、有意识的。但是，与学校教育相比，家庭教育的这种有目的、有意识的影响，主要是通过日常生活、交往和共同活动得以产生，由父母或其他年长者言传身教加以实现的。家庭没有固定的教育目标和教育内容，也没有固定的教育场所、教育时间和教育方法，更多地表现为遇物而诲、随境而教的特点。生活所在、交往所在、活动所在，也就是家庭教育之所在。不仅如此，父母或其他年长者的训导虽然很重要，但他们的待人接物、言谈举止及其所能体现出来的德行修养等，都会通过耳濡目染而渗透到孩子的心灵之中，这就决定了家庭教育不仅是父母或其他年长者对孩子或其他年幼者的教育，而且也是父母或其他年长者作为公民、作为教育者的自我教育。

（二）家庭教育的作用

家庭教育是由家长和其他年长者按社会的要求，创造一定的家庭环境，通过言传身教或其他教育方式方法，对孩子施以一定影响的教育活动。家庭教育和学校教育、社会教育相比，有自身的特点和优势，在学生成长过程中起着独特而至关重要的作用。

1. 培养父母与子女间密切而深厚的感情

父母是学生的至亲，他们共同生活在一个家庭里。孩子从出生到入学，大部分甚至全部时间都在家里生活。即使入学后，在家里生活的时间也远比在学校生活的时间多，因而接触家长和其他成员的时间也远比在学校和教师接触的时间多。并且，家长最了解自己的孩子，具体了解子女的情况和特点，就可以因材施教，使教育更具有针对性。家长在孩子面前很有威信，孩子也总是把父母视为最可信赖的人，他们比较容易接受家长的教诲。所以父母的教育往往在孩子的心灵上起着决定作用。家长的思想作风、爱好特长、行为习惯都会直接或间接地影响学生。

2. 家庭是学生最先接触教育影响的地方

家庭是人类生活中最基本、最主要的一种社会组织。人们曾把家庭比作社会的细胞，是组成社会的分子。家庭对一个人的影响是很大的，它是个人与社会联系的桥梁，是个人成长的重要的起始教育场所。学生在未入学时家长就开始了精心的教育和培养。启蒙教育是至关重要的，家庭教育给学生的印象是最深刻、最牢固的，它是学生以后发展成长的基础。

3. 培养道德意识与个性品质

家庭教育是每个家庭的内部事务。相对于学校教育和社会教育而言，家庭教育的自我取向性、现实性、功利性和从众性等特征较为明显。家庭教育必须站在适应社会发展和个体发展的角度，从尊重孩子的道德自主性出发，促进他们养成适应现代社会发展需要的道德意识和个性品质，从社会精神的重塑、个体的公民意识和自主精神的培养等角度来弘扬、光大和提升传统美德。

（三）协调统一家庭教育力量的原则

在影响个体身心发展的诸多因素中，除了社会环境、个体活动等之外，家庭中的各种主客观因素也不容忽视。家庭中的客观因素包括家庭结构、家庭经济状况、家庭社会地位、家长职业、家长受教育程度等；家庭中的主观因素则包括家庭生活方式、家长期望、家长教育方式、家庭氛围等。

1. 遇物而诲，形成反思

教导、示范是家庭教育的基本方式，必须与家庭生活相联系，与学生的生活和身心发展水平相适应，才能做到行之有效。与学校教育和社会教育一样，要进行有效的指导，也就是在生活中对学生加以指点和引导，并以身示范，促进学生表达积极的道德情感、表现良好的道德行为，努力促成学生对自己或他人的言行、对社会生活中的各种现象或问题进行思考和反省，并学会自主判断和自主选择。

2. 共同活动与共同体验

家庭教育的天然性、情感性和弥散性等特点，决定了家庭教育的落实不可能完全像学校教育那样有目的、有计划、有组织地系统进行。在共同生活中发展，在共同活动中成长，应是家庭教育遵循的基本原则。父母或其他年长者应当尽可能抽出时间与孩子共同参与各种活动，包括家务劳动、社区服务和社会实践活动、简单的生产劳动、阅读和欣赏、休闲娱乐或运动等，让学生在与亲人的共同活动中观察生活、感悟生活、体验生活，从中思考和把握生活及人生的真正意义。

3. 尊重信任，人际和谐

随着学生自我意识和自主性的明显增强，他们对来自他人的尊重、信任和接纳的要求也会随之增强，并且这种要求日益成为他们接受外界影响的直接动因和保障，也成为学生信任和接纳影响者、营造和谐的人际氛围的重要条件。对于信任的这种功能与作用，给予他人信任有利于唤起他人的积极性。信任释放和调动人的能动性，释放对他人创造的、不受抑制的、革新的、企业家式的积极精神，在有些情形中（托付或唤起信任），可能也有额外的益处。因此，在家庭教育中，父母或其他年长者应当尽可能做到尊重学生作为社会个体的独立性，尊重他们的人格尊严，在生活和学习中信任他人、接纳他们，相信他们能够在成人的帮助指导下克服困难，改正错误，取得进步。不仅如此，努力保持和谐的家庭人际关系，营造良好的家庭氛围，不仅是家庭幸福的一种标志，而且也是保证家庭教育得以顺利实现的基本条件。

三、协调与统一社会教育力量

学生都有自己的兴趣和爱好，这些兴趣和爱好若能及早得到培养，就能形成特长，表现出某一方面的才能，这无疑会加速学生的和谐发展。学校教育很难适应同一班级中不同兴趣爱好和发展水平学生的个别需要，而社会教育则可以弥补这些方面的不足。教师根据学生的爱好，有意识地引导他们参加校外教育机构的专门活动，使学生在自己爱好的活动中施展才华，发展特长，增长聪明才智，进而独立运用自己的知识和智慧去发现问题、分析问题和解决问题。社会教育为学生全方位的发展提供了一条新路。

（一）社会教育的特性

广义的社会教育是一切社会生活影响对于个人身心发展的教育；狭义的社会教育则是学校教育以外的一切文化教育设施对学生、青少年和成人进行的各种教育活动。社会教育对学生和班级影响的特点主要表现为以下方面。

第一，选择性。在社会教育活动中，学生可以根据自己的兴趣爱好自由选择适合自己的项目，自愿参加本人所选定的活动。班主任必须培养学生善于选择社会教育的能力。

第二，多样性。丰富多彩的社会生活决定了社会教育内容的多样性，它能及时反映社会生活的多方面、多角度的发展变化及其对人们的要求；社会教育的方式也是多种多样，不拘一格，不受时空的限制。

第三，广泛性。社会教育对象广泛，具有全民的性质；社会教育的范围广泛，渗透于社会生活的各个方面；社会教育的形式广泛，有报刊电台的宣传、影视戏曲的感染、群体活动的交往、社会榜样的熏陶等，可称为"全境式"教育。

第四，自发性。从对学生的影响而言，社会教育不如学校教育那样有严密的计划性、组织性和系统性，它含有明显的偶然性、片段性和自发性的倾向。因此，培养学生对社会教育影响的判断力和选择力，是班主任的重要职责。

（二）社会教育的分类

1. 教育机构

社会教育的专门机构有四种：①文化馆。文化馆是县和相当县一级所设的社会文化事业单位。文化馆是人民政府为开展群众文化工作，活跃文化生活而设立的事业机构。②少年宫。少年宫是适应青少年和学生文化生活的多种需要而设立的青少年和学生校外教育机构，它的任务在于配合学校培养青少年和学生的优良道德品质，帮助他们巩固课堂知识，丰富文化生活，发展多方面的兴趣和才能，使他们得到全面发展。③图书馆。图书馆是收集、整理、保管并利用图书情报资料为社会政治、经济服务的文化教育机构，按其性质和服务对象可分为公共、学校、科学、专业、工会、部队、机关、厂矿、街道、农村等图书馆。④博物馆。规模较大者也称博物院，是陈列、保藏、研究物质文化和精神文化的实物以及自然标本的文化教育事业及社会教育机构，以社会全民为施教对象。中国的博物馆主要有历史、民族、地理、自然、艺术、医学、科技等各种类型，它们根据不同性质和任务，系统地陈列实物、模型、标本和其他陈列品。

2. 社区环境

学生的身心发展是在人、环境、行为的互动之中得以发生发展的。在影响个体身心发展的诸多因素中，社区被认为是影响个体身心发展的最复杂，也是最难以控制的社会环境。社区里人们的活动方式、交往方式、社会风俗、社会心态、社会风气等，不仅是宏观的社会环境透过社区组织机构、设施、活动等在社区生活中的反映，而且也是该社区人们的生产、生活以及人际交往与互动的真实写照，体现着该社区的道德关系和精神风貌。学生在何种社区，就可能意味着将接受何种性质、何种类型的环境影响。

3. 大众传媒

大众传媒是一切传递社会信息并广泛影响社会大众的中介媒体及其传播方式，包括印刷媒体和电子媒体两类。由于大众媒体具有信息量大、传播速度快、形式多样化、休闲娱乐功能强、自主选择和参与程度高等特点，所以对学生的影响尤为直接、广泛而深刻。特别是近年来计算机信息技术的崛起，网络已经成为继报刊、广播和电视之后的第四媒体。

4. 同龄人群体

同龄人群体及其影响不仅是学生身心发展的重要源泉，而且是可以在一定程度上左右其身心发展方向的基本因素，其中，又以交友及其影响最为显著，并且这种影响随着学生年龄的增长而不断加深，直至拥有比较完备的自主意识和自主能力。

（三）协调统一社会教育力量的原则

1. 合理使用社会资源

班主任充分利用图书馆、博物馆、文化馆、少年宫、风景区、烈士陵园、革命纪念馆等自然资源和人文资源，组织学生参观学习，发挥这些资源的知识性、教育性。组织活动时，班主任应当明确目的、精心策划、安全实施。

2. 协调社会教育力量

班主任可以依靠学校的力量，积极主动地与社会各方面，特别是校外教育机构、文化团体、工厂、街道办事处（乡政府）等建立经常性的联系，争取他们的配合，共同做好学生的教育工作。协调社会教育力量的方法包括：①协助学校建立会议制度，形成长效机制；②及时通报教育信息，使各方面"知情明政"；③征求活动意见，争取各方全力支持；④针对教育问题，商讨应对策略；⑤消除误解，协调分歧，统一行动。

3. 发挥人才优势

社区人才资源丰富，教育影响力巨大，班主任要发掘人才，充分发挥社区人才优势，为班级建设服务。模范代表、教育科技专家等就在社区之中，就在学生身边，班主任要将他们请进班级，或邀请为校外班主任，或为学生举办讲座，做到校内外人才资源共享。

4. 组织社会实践

班主任组织社会实践活动，一定要认真组织，注重实效；要根据实际情况，灵活安排，采取集中与分散相结合的办法。每次社会实践活动结束，班主任要及时认真地进行总结、汇报、考评，从而使学生通过实践活动真正有所收获。

四、协调与统一网络教育力量

（一）网络教育的特性

1. 交互性

网络教育是互动性的，其互动方式有两种：实时互动与非实时互动。第一，实时互动有人机的互动、人与人的互动。人机的互动是教育工作者针对某一专题预先设计好以实际的道德事件为基础的、虚拟的道德情境或道德困境，围绕这个虚拟的道德情境，设计一系列道德判断题目，当受教育者访问该专题时，由电脑提问或解答，实现人机对话；人与人的互动是人们通过现代化多媒体网络进行一对一、一对多和多对多的双向交流。教育工作者和学生都可以在"网上聊天室""网上论坛"或"在线指导"上发表自己的思想观点，大家一起探讨问题。第二，非实时互动是人们通过电子邮件等形式来相互传递信息。网络教育的互动性打破了教育者与被教育者的固定地位，变被动式教育为互动式教育。教育工作者与学生都是网络的主体，教育工作者要尊重并认识学生的主体性，在更加平等的环境中共同面对问题，这种教育理念是人本主义的，即相信学生有能力自己发现自己的问题，并通过自我探索，从而获得对自己最有价值的收益。利用网络教育的互动性，教育工作者能更多地与学生交流、沟通、探讨，成为学生的良师益友。

2. 虚拟性

虚拟性是网络教育最显著的特点，也是网络教育与现实教育最明显的区别。在网络教育中，虚拟性能够发挥其独特的作用。利用一般的虚拟技术以及虚拟现实技术，教育工作者可以构建教育训练的虚拟环境。在这样的虚拟环境中，班主任可以设定各种各样复杂的伦理关系、日常生活中可能发生的形形色色的道德难题，并为处理这些关系、解决这些难题提供正确的道德思维方式和途径。当学生进入如此设定的虚拟教育环境时，就可以进行规定的教育训练，根据他们不同的行为习惯和思维观念导出不同的结果，这样受教育者可以身临其境去感受人生哲理和道德准则，同时也可以及时地纠正自身各方面的偏差，避免在现实生活中无谓地受挫。一些无法在实际生活中尝试的问题，都可以通过虚拟教育训练使学生身临其境，设身处地去感受做人的道理。

3. 开放性

互联网已经成为一个全球的开放系统，任何一个学生都有可能为这个网络加载、输入信息，只要坐到联网的计算机前，都可以及时地了解到全球范围的最新消息。通过在互联网上实施教育，突破了时空的限制，实现了学校教育和社会教育、家庭教育的有机整合与共享。

4. 快捷性

教育工作者能利用网络迅速跟踪学生情感特征、思想特征、行为特征，方便地观察与思考，从而敏锐地把握教育的制高点，前瞻性地做好教育工作。互联网是目前世界上最高级的"信息高速公路"，各种信息在这条"高速公路"上被传播、浏览、吸收，其传递速度之快、传递信息之新，是电视、广播、报纸、杂志等其他传媒所无法比拟的。网络使教育工作者和学生能够快捷地了解社会生活各个方面的信息，及时地在网络上发表看法、讨论问题、交流思想，教育工作者从而可以快捷、方便地得到学生的最新思想动态，与学生交流信息。

5. 多样性

网络教育可以使教育内容由静态的文字书本，变成动态的多媒体软件。多媒体技术集文字、声音、图形图像、三维动画及影视于一身，特别是虚拟现实技术的应用，为学生提供了色彩艳丽的图片、悦耳的音乐、活泼的三维动画及其他多媒体仿真画面，给网上课堂带来无穷的乐趣，使学生身临其境，多种感官同时感知，学习的效果明显优于单一感官感知的效果。学生通过教育课件来感受网络教育，甚至可以通过游戏来体验、感受精心设计的教育内容。

（二）网络教育的原则

作为教育活动的一种类型，网络教育除了要遵循教育活动的一般原则，如启发性原则、亲身体会原则等，同时，作为一种新型的、虚拟的教育活动，它要实现与实境教育的相互促进和配合，还需要遵循以下原则。

1. 充分准备原则

班主任的一言一行对学生都有着示范性影响，因而，教育学强调班主任在开展教育之前要进行系统的准备（相关知识的准备、价值立场的准备、话语体系的准备等）。当师生在网络上相遇时，由于网络平台的开放性，学生可能提出极具挑战性的问题，而班主任如果不能随机应变，积极反应，就会影响网络教育的效果。班主任在着手网络教育时需要比实境教育做更多的准备工作。

班主任对网络教育的准备主要包括三个方面：①知识储备，班主任要对要求学生查阅的信息有大致的了解，对网络教育主题所涉及的背景知识有较为系统的掌握，从而能够回答学生的知识性提问；②价值观澄清与立场准备，面对学生发表的关于社会生活的似是而非的见解，面对学生提出的生活中相互矛盾的现象，班主任要能够高屋建瓴，指点迷津；③教育技巧准备，面对一些不能及时解决的问题，班主任要善于使用"这个问题值得深入研究，可以作为下一次讨论的主题"等方法和"请你全面地把自己的观点表达一下"等启发学生冷静思考的策略，缓解局面。

2. 主动发展原则

在网络成为学生生活的一部分之后，教育工作者必须确立网络教育的阵地意识和责任意识。学校主动开展网络教育，主要包括如下：①建设教育类网站、论坛，以主流价值观信息引导学生健康成长；②开展依托网络的各种趣味性、集体性活动，引导学生善用网络，将网络变成学习和发展的工具；③重视网络上的师生对话，以最快的速度回应学生的困惑；④加强对不良信息的审查，树立校园网的"绿色防线"。

3. 发挥学生主体性原则

在网络教育中，班主任一方面要确立"终身学习"的意识和习惯，不断更新自己的知识结构，积极把握时代脉搏；另一方面要明白班主任能力的局限性和集体教育、同伴教育的重要性，积极放权，调动学生参与网络教育，在网络上全面提升自己的热情。发挥学生主体性要重视学生骨干的作用，鼓励学生干部和思想较为成熟的同学成为网络教育的主要承担者。班主任可以通过任命版主、网站管理员、信息员等方式，吸引同学加入网络教育的管理团队，使教育网站、聊天群成为学生骨干施展才华、锻炼组织策划能力、发展号召力的实践平台。既能借用同学的智慧，确保网络教育的丰富与新颖，又能极大地减轻班主任在教育方面的负担，使班主任成为网络教育中的辅导者、支持者而不是事必躬亲的办事员。

班主任在网络教育的实施过程中要注重学生的自主参与和实践。网络教育必须通过学生的参与、感受、反思来引发学生的内在矛盾，从而促进学生的发展。就网络教育而言，大量张贴、滚动发布正面教育信息、先进人物报道等系统的网络宣传工作是必要的，与此同时，也要多开展学生喜闻乐见、能够有所贡献的互动活动，如"最佳报道评选""感动校园年度十大人物评选"等，让学生在网络教育中贡献智慧，分享成长历程中的苦乐和经验，使网络活动成为促进学生冷静反思、细致规划生活的指南针，让学生在不经意间受到网络的积极影响。

4. 适当开展原则

教育工作者要依据本地区、本学校的实际需要，制订网络教育的实施方案。在学生接触网络机会较多的学校，要将开展网络教育作为教育工作的重要环节，慎重规划、全力推进，努力给学生营造绿色安全、精彩充实的网络空间，引导学生自觉使用网络，使网络成为学生全面发展的助手。学校要重视学生的上网指导，与此同时，学校管理者在进行网络教育规划时，要考虑到网络教育所涉及的班主任工作负担。

5. 构建教育网络原则

构建家庭、学校、社会共同参与的教育网络，是开展有效教育的基本原则。网络的开放性决定了动员各方参与、构建教育网络是有效网络教育的必然要求。学校要明确自己在构建教育网络中的轴心作用，努力阐发网络教育的重要性，促使社会各界重视网络信息、网络活动对学生成长的影响，进而全面规范网络信息，自觉引导学生的网络行为。

家长对学生的网络活动要予以重视，一方面，要加强规范，如限制上网时间以免影响学习和休息，安装过滤软件以免不良信息干扰；另一方面，要善待网络，家长要积极理解网络，学会正确看待网络对学生发展的影响，网络上的正面信息才能逐步丰富起来，各网站经营者都要明确网站建设的社会责任。

（三）协调与统一网络教育的方法

1. 陶冶教育法

陶冶教育法是将受教育者置身于富有一定教育意义的情境中，让受教育者受到感染和熏陶的方法。校园网络文化要弘扬正气，保持蓬勃向上的活力，形成一定的氛围，培养学生网民的爱国主义观念和集体主义精神。

2. 心理咨询法

心理咨询法是教育者在教育过程中运用心理学专门知识和技术，通过语言、文字等相关媒介对受教育者的心理、行为施加影响，使其认知、情感和态度发生变化，解决其在学习、工作、生活等方面出现的心理问题，以增强心理素质、维护心理健康的方法。通过网上心理咨询，让学生了解心理健康的一些基础知识，指导学生培养正确的自我意识。

3. 自我教育法

自我教育法是受教育者根据教育的目标和要求，在自我意识的基础上通过自我体验、自我教育、自我控制，产生积极进取之心，主动接受先进思想和正确行为，形成良好的思想品德和行为的方法，其中"慎独"是主要的方法，而网络教育者的身教尤其重要。

第二节　与家长有效沟通的方法

一、与家长集体沟通的方法

（一）家长会

1. 家长会的作用

家长会是学校或班主任主持召开的全体学生家长集体会议，主要内容是宣传学校的教育思想、教改计划和措施，介绍成功的家庭教育方法，汇报学生的学习成绩、思想状况，明确学生的收费开支、学校对家长的某些要求等。班主任还可以在家长会上邀请家长参与班级管理，做学生的业余辅导员，组织一些有特长的家长给学生做报告等。

家长会是学校与家长进行沟通与交流的重要形式，开好家长会是家长与学校共同教育学生的一个重要环节。通过家长会，家长可以更充分地了解教师的人格魅力，懂得管理学生的重要性，明白如何管理等；教师可以更好地了解学生的家庭背景，拉近家长与教师、班级之间的距离，为融洽的家校合作关系奠定良好的基础。

2. 开好家长会的原则

要开好家长会，班主任应从以下方面做起。

（1）充分准备，精心组织。要办好家长学校、开好家长会，班主任必须做充分的准备和精心的组织。从时间上而言，应该充分考虑大多数家长的工作时间；从场地上而言，家长会一般选择在学生上课的教室。如果是学生和家长同时参加的家长会，那就应该考虑教室空间是否足够大，也可以考虑选择会议室或其他空阔场地。从内容上而言，一定要是家长关心的话题，而不仅仅是学校和教师感兴趣的内容。需要给家长看的材料，一定要提前准备好，或让学生提前带给家长。此外，还需要考虑天气因素等。家长会需要做好充分的准备，这种准备包括内容上的、心理上的准备，说话时思路清晰、语言流畅、侃侃而谈，在家长面前树立良好的形象和威信。

（2）充分理解、尊重家长。①必须欢迎家长光临，这是对班主任工作的支持。②要理解家长的心情，尤其是后进生家长的心情，所以在家长会上应尽可能以表扬为主，把班级中好的一方面予以展示，给予表扬。对班级工作出色、考试中成绩突出、进步明显、运动会上表现突出等行为均要予以表扬，让家长有自豪感，有成功的喜悦。同时委婉地指出存在的问题，提出一些改变孩子缺点的良好建议。班主任在与家长沟通中，还要尊重家长的人格，注意态度和蔼、言谈亲切，让他们感受到教师对于孩子的关爱和负责。要以诚相待，班主任如能掌握好家长的心理，运用心理辅导的方法做好家长工作，一定会收到良好的效果。

（3）实事求是，让家长信服。对实事求是的汇报和客观的评价家长是欢迎的。家长满怀希望来到学校，更想了解孩子在班内的一系列表现。他们参加家长会就是想了解学生在校的真实表现和真实成绩，以及学校教师的要求。在家长会上班主任有责任教给家长一些方法，如采用备忘录——家校作业联系反馈卡，只要求家长督促子女及时完成作业。至于作业的正确率，这是教师的事，这样既解决了家长的后顾之忧，也帮助教师督促学生及时完成作业。教师需要的是要求家长能够协助教师使学生养成良好的学习习惯，改变在学习过程中的盲目性、无计划性，克服随意、懒散等不良的学习习惯。

（二）家长委员会

"家长委员会是沟通学校与家庭、社会的重要桥梁，正确地认识家长委员会的法律地位是其参与学校监督与管理的重要保障，家长委员会并不具有独立法人身份，而是一个协商性的群众自治组织。"[①] 根据各校实际情况不同，既可以有学校层面的家长委员会，也可以有班级层面的家长委员会。家长委员会对班级管理具有重要的意义，班主任必须重视家长委员会的工作。

1. 家长委员会的作用

建立家长委员会，对于发挥家长作用，促进家校合作，优化育人环境，建设现代学校制度，具有重要意义，主要包括以下方面。

（1）家长委员会有利于家长参与学校、班级工作。家长参与学校和班级工作有很多方式，家长委员会是其中一种重要的方式，它是由家长代表组成的一个正式机构，具有一定的组织性和纪律性，具有一定的规章制度，能够经常与学校、班级保持密切联系，它是构建学校、家庭、社会密切配合的育人体系的重大举措，是发挥家长在教育改革发展中积极作用的有效途径。

（2）家长委员会有利于构建现代学校制度。家长委员会是依法办学、自主管理、民主

---

① 文思睿：《论家长委员会的法律地位》，载《江西青年职业学院学报》2015年第1期，第73页。

监督、社会参与的现代学校制度的重要内容。不断完善家长委员会这一重要形式，对于构建现代学校制度具有十分重要的意义。

（3）家长委员会有利于办好人民满意的教育。从根本上而言，教育是一种服务事业。教育事业办得如何，必须看它服务对象的满意度。教育事业不仅直接服务于学生，也间接服务于家长。学生和家长的高度满意都应该是教育事业应该追求的目标。要想不断提高教育质量，提升家长对学校和班级的满意度，就必须扩大家长对学校和班级事务的参与度。家长委员会是家长集体参与学校事务的一种非常有效的方式，因而有利于办好人民满意的教育。

2. 家长委员会的职责

（1）参与学校和班级管理。对学校和班级的工作计划、重要决策，特别是事关学生和家长切身利益的事项，家长委员会有权利也有义务提出意见和建议。对学校和班级管理工作，家长委员会应该予以支持、积极配合。家长委员会还应该反映学生和家长的利益诉求，代为转达校方，并与校方展开对话、协商。

（2）参与教育教学工作。发挥家长的专业优势，为学校教育教学活动提供支持。发挥家长的资源优势，为学生开展校外活动提供教育资源和志愿服务。发挥家长自我教育的优势，交流宣传正确的教育理念和科学的教育方法。与学校共同做好德育工作。班主任要及时与学校沟通学生思想状况和班集体情况，经常向家长了解学生在家庭的表现和对学校、教师的看法，与学校和教师一起肯定和表扬学生的进步，解决和化解学生遇到的困难和烦恼，做好思想工作。经常通过家长了解学生所在班级的情况，推动形成积极向上、温暖和谐、互助友爱的班集体。协助学校开展安全和健康教育。引导家长履行监护人责任，配合学校提高学生安全意识和自护能力，支持学校开展体育运动和社会实践活动。对学校的安全工作进行监督，与学校共同做好学生安全保障工作。

（3）促进学校与家庭的相互理解和支持。向家长通报学校近期的重要工作和准备采取的重要举措，听取并转达家长对学校工作的意见和建议。向学校及时反映家长的意愿，听取并转达学校对家长的希望和要求，促进学校和家庭的相互理解。支持和推动减轻学生课业负担。引导家长积极支持教育部门和学校采取的减轻学生课业负担的各项措施，监督学校的课业负担情况，及时向学校提出意见和改进的建议，与学校共同推进素质教育。营造良好的家校关系，把学校准备采取和正在实施的教育教学改革措施，向家长做出入情入理的解释和说明，争取家长的理解和支持。及时向学校反映家长对学校工作的疑问，帮助学校了解情况、改进工作。

3. 组建家长委员会的原则

家长委员会成员应具有正确教育观念，掌握科学的教育方法，热心学校教育工作，富有奉献精神，有一定的组织管理和协调能力，善于听取意见，办事公道，责任心强，能赢得广大家长的信赖。家长委员会的成员应是来自懂教育、甘愿奉献、教子有方的家长。学校和班级组织家长按照一定的民主程序，本着公正、公平、公开的原则，在自愿的基础上，选举出能代表全体家长意愿的在校学生家长组成家长委员会，特别要选好家长委员会的牵头人。

（三）家长学校

举办家长学校主要是学校层面的事情，班主任在家长学校的举办过程中，起到重要的协调和组织作用。因此，了解和掌握家长学校这一重要的家校合作的方式，对于班主任从事班级管理具有十分重要的意义。

1. 家长学校的作用

家长学校是学生家长、监护人自愿参加的提高家庭教育水平的群众性业余教育机构；是宣传正确教育思想，普及家庭教育科学知识的良好场所；是开展家长工作和公民素质教育的有效渠道；是将学校、家庭、社会教育相结合，对学生进行教育，促进精神文明建设的重要阵地。

家长学校是指导家庭教育的主渠道，是密切学校与家庭联系的桥梁。办好家长学校对于帮助家长提高教育理论修养、改进家庭教育方法具有重要和积极的促进作用，也是深化教育改革、全面推进素质教育，形成学校、家庭、社会共同参与教育工作新格局的有效途径和重要环节。只有加强科学管理，努力办好家长学校，提高家庭教育水平，促进家校联系，广开社会育人渠道，积极构建家庭、学校、社会一体化的教育体系，才能全面推进素质教育。

家长学校的任务是帮助家长树立正确的家庭教育思想和观念，掌握科学的教育方法和技能；向家长介绍不同年龄学生及青少年生理、心理发展特点及营养常识、教育方法；指导家长为学生及青少年身心健康发展创造良好的家庭环境；加强家庭与所在社区、学校、幼儿园、托儿所等教育组织的联系；为社区的精神文明建设做出贡献。

2. 建设家长学校的原则

（1）家长学校的组织管理。家长学校应设校长、教务主任各一名，事务员若干名，组成家长学校管理委员会，负责家长学校管理工作。校长与教务主任原则上由主办单位的有关领导兼任，事务员由学校和家长推举责任心强、认真负责的同志担任。管理委员会要有家长代表参加，各成员要明确分工，落实责任。家长学校要建立规章制度，严格考核，规范管理。

（2）家长学校的教学。家长学校一般按学生的年龄特点进行分段教学，每段授课时间可安排 12~16 课时，每课时 60 分钟，可集中进行，亦可分散在各学期进行。要从成人业余教育的特点出发，选择教学时间和教学方法。家长学校可根据学生和家长的不同特点，进行分类型、分层次指导。要加强调查研究，掌握各类家长的实际情况，在安排教学内容的深度和广度时充分考虑家长的实际水平和接受能力，因材施教、分类指导，以满足不同层次家长的需求。

家长学校的活动形式要多样，如授课、座谈讨论、经验交流、专题研讨、心理咨询、个案分析、联谊会等。还可以根据特殊需要开办专题讲座，要办出特点、办出成效。学校在每期家长学校结束前，可根据教学要求，采用问卷、口试、活动或其他形式对学员进行考核，成绩合格者可发给结业证书。对表现突出的家长，应及时反馈到家长所在单位，以争取社会各方面对学校和家庭教育的了解、支持和配合。

（3）家长学校与其他家校沟通形式。家长学校工作要和班主任、任课教师的家访工作有机地结合起来。要从制度上确保任课教师，特别是班主任每学期一定数量的家访工作，通过多种形式的家访，沟通学校与家庭教育渠道，使两者实施的教育同步合拍、互相补充，同时，根据家访了解到的信息及时调整学校教育，提高教育的针对性，特别是对那些学习、思想品德有问题的学生，要帮助他们解决生存和学习环境中的具体困难，确保他们健康成长。

二、与个别家长的沟通方法

（一）家访

1. 家访的作用

家访是教师走访家长，了解学生的家庭情况，并向家长反映学生的情况，通过双方交换意见，共同研究如何鼓励学生进步和帮助学生克服缺点所采取的一种教育方法。家访是班主任找到理解和教育学生的重要方法。

（1）家访有利于了解学生。家访的作用在于深入细致地了解学生的家庭环境、行为习惯、个性特征、内心感情等，不断增强教育教学的针对性、趣味性和感染力，从而帮助学生提高学习能力。

（2）家访有利于密切师生关系。有效的家访能够增进班主任对学生及其家长的了解，还可以增进家长与孩子之间的相互了解，这些了解是做好班级管理工作的良好前提。一旦家访调动了学生学习的积极性，提高了学生的学习成绩，就必然能增加学生对班主任的信任感，提高班主任的威信，从而融洽师生之间的关系。

（3）家访有利于家校合作。通过家访这一家校联系的主要方式，班主任与家长加强了联系，相互了解各自的教育方法，在交流和互动中达到共同教育学生的目的。家访是班主任发挥自己专业优势、指导家庭教育的一种实践。通过这一实践，班主任不仅可以加深对学生的了解，沟通班主任与家长的情感，更重要的是班主任可以借此向家长传达正确的教育观念，传播科学的教育方法，帮助家长形成良好的教育态度，进而从根本上提高家长的教育素养，提高家庭教育的质量，实现家校合作、协调教育的最佳效应。

2. 做好家访的方法

（1）整体策划。开学初，班主任要根据学生的学习情况和家庭情况，初步制订家访实施方案，做到有目的、有计划地进行家访，如果没有特殊情况则按计划进行。但在实施过程中，也可以要求学生自行申请教师家访，使自行申请与整体安排相结合，既能够体现家访的灵活性，又能够体现师生之间的和谐、民主、平等的关系。班主任既要做到普访常访，又要做好重点访问。争取做到家访常规化，把家访变成教师与家长、与学生"交心"的平台，把学校的工作计划、任课教师的基本情况、学生的在校表现、发展潜能以及自己对学生的期望传递给家长和学生，要虚心听取家长、学生对教师和学校的评价和建议，对他们的正确建议自己能做到的要全力做到，关于其他教师和学校的，要在适当时机沟通和交流，尽最大努力实现家长、学生的正确愿望，使他们更加信任学校、信任教师，使教育教学效果事半功倍。

（2）实地家访。家访成功与否，关键在于教师能否把握好取得家长和学生的默契配合。家访中可以采用"听、观、提"三字方针，"听"就是耐心听家长讲孩子的思想状况、个性特点，虚心听取家长对教师工作的意见和要求；"观"是观察学生在家学习的环境，照明条件是否对视力有影响，同时观察家长的教育方法、思想素质是否有利于孩子的健康成长；"提"指的是如果发现什么问题，及时诚恳地向家长提出改进意见，还要根据家长和学生提出的问题与他们交换自己的看法，对学生在校表现向家长汇报时，坚持以表扬为主。和家长交谈，力求以心换心，设身处地为家长着想，以自己的真诚获得他们的信任。整个家访过程应力求气氛和谐融洽，话语情真意切。一周家访结束，及时向全班反馈，对那些在家表现好的同学进行客观的表扬，并请他们回家向父母转达教师的谢意，学生和家长就更欢迎教师去访问，密切了师生之间、子女和父母之间、教师和家长之间的人际关系，通过家访，沟通了学校、家庭之间的联系，帮助家长改进家庭教育方法，消除学生因家庭矛盾而形成的心理障碍。

（3）做好家访记录，及时反馈。家访结束并不意味着整个家访过程就完成了，还要有许多工作要做。每次家访后，班主任要及时地写出详尽的家访记录，把家访过程、家访达成的共识、家访中受到的启发及家访中发现的问题一一记录下来，建立起学生成长档案。班主任还要根据学生在校内的学习、行为表现，结合家访中了解掌握的资料，及时反馈，对学生发展现状进行分析评估，制订新的教育方案和措施，不失时机地对学生进行有针对性的教育，并把学生在教师家访后的表现及时反馈给家长。

3. 家访的注意事项

家访要选择合适的时间。一般而言，可以选择在开学初、期中、临近期末这三个时间去家访。开学家访，旨在了解学生、家长新学期有哪些新的要求、新的情况，尤其是起始年级新生，教师要了解学生家庭经济状况，家长对孩子要求等；期中家访，教师要和家长交换开学以来孩子的学习、思想等表现情况；期末家访，教师可以向家长汇报孩子一学期以来的情况，并征求家长意见和建议。家访最好先电话预约，让家长在时间上、心理上都能有所准备，以便家访在愉快的氛围中进行。家访前必须做好准备。班主任要了解学生的家庭情况，如家长的姓名、工作单位、家长的教育程度；学生的性格特点，承受批评挫折的能力等。同时，要非常清楚通过这次家访要了解哪些情况，准备向家长汇报哪些情况，准备给家长提那些建议和意见。班主任还应要找出学生的优点，并要有具体的事实。

家访谈话要讲究方法。家访谈话要有方向、有目的，讲究艺术，反映学生在学校的学习、行为表现情况时，要以表扬为主，从赞扬的角度切入话题，对学生的缺点要委婉地指出，通过表扬别的学生在某个方面的优点来提醒家长，或讲一些本校优秀毕业生的成长过程，通过这些成功的典范让家长明白自己的孩子在这方面的不足，知道今后该朝哪个方向努力。

总而言之，班主任做家访工作，要有计划、有目的、有准备，要注意与家庭诚恳地合作，要帮助改善学生在家庭中学习与生活的条件。在家访过程中，班主任一定要尊重家长、爱护学生，同家长一起分析研究学生的情况，共同商讨教育学生的方法。家访结束后，班主任要及时对家庭的情况进行记录，以便积累资料，为今后改进工作提供依据。

（二）单独约请家长

为了及时处理学生中的一些班级偶发事件和重大问题，班主任可以约请家长来校，以便共同研究和解决问题。有的时候，家长为了了解孩子的学习情况，也可能主动到学校拜访班主任，这两种方式都是班主任一对一地与家长面对面交流，在家校合作中具有较为重要的意义，班主任必须正确应对。

1. 约请家长的技巧

（1）谈学生的优缺点。交谈时，可以先谈优点，趁家长高兴时说问题，过渡要自然，不要流露痕迹。学生的每一点进步包含着教师辛勤的汗水，也凝聚了家长的心血。学生后进的原因很复杂，但作为教师，在与家长推心置腹的交谈中，应有意地多承担些责任，这是教师职业道德的一种表现，同时也是对家长自尊心的理解。

（2）赞扬家长。家长得到班主任的赞扬，就可能进一步配合学校搞好工作。班主任说话的时候，既要实事求是，也须态度诚恳。如果家长对子女教育不够重视，班主任要善于发现他们的闪光点，可以引导该家长为子女或班级做一件好事，然后在家访时或家长会上给予表扬，表示感谢。

2. 单独约请家长的注意事项

在与家长交流前，要详细想好约见家长的主题和目的，注意从多方面收集学生的信息；设计和家长交谈时如何切入主题，如何结束，如何谈学生的优点和问题；总结自己在交谈时方法是否得当，考虑如何向学生及其他教师反馈约见家长的情况；最后要思考自己以后在和家长交谈时需要改进和注意的方面。

第三节　家校合作的创新路径

一、家校合作的教育体系

家校合作是指在学校和家庭之间形成教育合力，且相互协作、相互支持的教育形式，它是实现超常学生教育目标的重要途径。

（一）学校教育

学校教育是由专职人员和专门机构承担的有目的、有系统、有组织的，以受教育者的身心发展为直接目标的社会活动。学校教育的计划和方案是实现目的的保证，而学校教育的组织又是实现其计划的保证。学校教育是个人一生中所受教育的最重要组成部分，个人在学校里接受计划性的指导，系统地学习科学文化知识、社会规范、道德准则和价值观念。学校教育从某种意义上而言，决定着个人社会化的水平和性质，是个体社会化的重要基地。知识经济时代要求社会尊师重教，学校教育越来越受重视，在社会中起到举足轻重的作用。

学校是专门从事教育工作的机构，是培育学生社会化的专门场所，它的一切活动都是从培养、造就人才出发，为培养人才服务。因而学校可以有效地控制其教育环境，抵制那些影响学生成长的不利因素，依据一定的教育方针，有目的、有计划、有组织地对学生进行系统的教育和训练，它能按照一定的社会要求，并根据教育课程标准的要求，遵循学生身心发展的规律，选择适当的教育内容，采取有效的教育方法，利用集中的时间对学生施教。学校的组织性、计划性和系统性，以及教育教学的一切物质设施等，是家庭教育所不能比拟的。

（二）家庭教育

家庭教育就是家庭中年长的成员，如父母、祖父母等，对孩子的影响、培养和教导。家庭是社会的细胞，是社会最基本的单位，这个单位里有丰富的亲属、家族的亲情活动；有成员间共同的经济活动；还有丰富情感的社会活动。

家庭的构成和形式，形成了家庭特殊的环境和气氛，这就是家风。家风给予孩子特殊的影响和教诲，这就是家庭教育。在家庭中，父母就是教育者，生活琐事就是教育内容，处理事务的方式方法也就是教育的方式方法。家庭教育的目的也是让孩子健康成长，但其中掺和着这个家庭所特有的文化元素、品格气质、伦理观念、价值倾向，而这一切的综合就形成这个家庭所特有的家庭教育。

在家庭教育的概念中，涉及三个有关亲子互动的概念：影响、培养和教导。家庭对孩子的作用常常是潜移默化的，这种不被完全意识到的作用，就是"影响"（包括子女对父母的影响）。家庭教育是自然过程，是在现实的日常生活中自然而然地进行的。"培养"这个概念包含了养育和培育，养育主要从身体的角度着眼，培育主要从心理的角度着眼。培养着重的是学生身体和心理的发展，而这一行为是由父母承担的。"教导"在父母的行为中更显示其目的性和规范性。父母作为家庭中的教育者和监护者，他们对孩子的教育应该起到主导作用，特别是在孩子年幼时。

家庭是个体社会化过程中的主要场所。青少年正在处成长的关键期，这也是学习和人格陶冶的最重要时期。随着人们教育意识的增强，许多家庭都把子女的教育摆在优先发展的地位，这就使家庭教育在观念上有了提高；社会的进步也使得家庭成员文化素质有了提高，因此，家庭教育的质量也相应地不断提高。由于孩子少，父母、祖父母都参与到教育的行列中来，将教育力量集中在一个孩子身上，也有较充裕的时间来教育孩子，客观上使个别教育、因材施教成了家庭的最大优势。此外，更为优裕的家庭经济条件，使得家庭教育有了可靠的物质保障，家长得以关注孩子的营养健康，尤其是在孩子智力上的投资，使得孩子的智力得到早期开发，并健康发展。

（三）家校合作体系

家庭和学校形成合力对学生进行教育，使学校在教育学生时能更多地来自家庭方面的支持，而家长在教育子女时也能得到更多的来自学校方面的指导，这一概念把家校合作所涉及的范围界定在学校和家庭两个领域。

家校合作是一个发展的概念，家校合作要求家庭与学校以沟通为基础，互相配合，合力育人，使学生受到来自两方面系统一致、各显特色、相辅相成的教育影响，形成多种终身受益的必要素质，更好地社会化。家校合作是一种双向活动，是家庭教育与学校教育的相互配合。家校合作区别于传统的家校联系，它是一种关于家庭教育与学校教育两者关系的理念，也是一种处理两者关系的行为模式。家长要对学校教育给予支持，学校要对家庭做出指导，其中学校教育起主导作用。在家校合作活动中，家长、学生、教师之间的情感交流非常重要，学生是家庭和学校共同的服务对象，促进学生的全面发展是各种活动追求的最终目标。

1. 家校合作的教育作用

教育的目的是使学生更好地发展，学生的发展必须建立在一个良好的学习环境氛围之中。在决定学生成长道路不同的诸多因素中，家庭和学校是最重要的，教师与家长之间的和谐相处起着重要作用。

（1）家校合作能更好地促进学生的健康成长。家校合作的目的是使学生健康成长，让学生充分享受来自教师和家长的关怀，以及教育给学生带来的欢乐。家长对子女的教育理念也不相同，所以家庭教育必须在学校教育的配合下，具体分析每个孩子的实际情况，正确引导孩子成才，让孩子健康成长，成为有用之才。

学校作为培养教育人的基地，在教育手段和艺术上相对比较系统化。学校的教育往往是有目性和计划性的，而家庭教育更多地通过情感和经济辅助之纽带对子女施加影响。进行有效的家校沟通就能让家长了解学校教育方式、内容和要求，以便使家长能在对孩子的教育过程中，配合学校开展教育，保持与学校教育的一致性，使学生更健康地成长。

（2）家校合作有利于培养学生良好的行为习惯。学生是处于成长、发展中的一代人，因此，在习惯的培养上要注意基础性，让学生养成正确做人、做事和学习的习惯。

学校教育是培养学生良好行为习惯的主要渠道，培养学生良好的行为习惯是一项复杂的系统工程，需要多方面连续不断地、数年如一日地努力。家庭是学生接受教育最早、时间最长的场所，家庭教育的模式适合与否，对其能否顺利接受学校教育关系极大。因此，家庭教育和之间的一致和配合，更有利于培养学生良好的行为习惯。

（3）家校合作可以促进学校和家庭之间的信息交流。学校和家庭两方面的教育能否密切配合，重要的一条就是信息能否及时交流。每个学生的性格、能力、爱好都是不同的，学生在学习与成长过程中也可能出现不同的特点。教师要了解学生在家庭中的表现及对待父母的态度等，便对学生进行有针对性的思想教育。此外，要想提高学校教育的效果，教师得多了解学生的家庭情况，如家庭结构、父母职业、家长素养等，因材施教，提高教育效果。家长也要了解自己孩子在学校的行为习惯、学习习惯、学习成绩等方面的表现，开展有针对性的教育。建立家校联系后，能使这一渠道更畅通，学校与家庭教育更有时效性、针对性，目标要求更一致。

（4）家校合作便于家长参与学校教育教学管理。学校教育在按照教育方针科学办学的过程中，社会和家长对学校的要求也是学校教育不断优化的一种动力，充分利用家长这一有力的教育资源去优化、促进学校内外的教育环境，可以使学生接受的学校教育更完整。家长在家长委员会的牵头下，不断地提出改善学校教育的要求，传授社会上的经验，调动家长及社会成员改善社会环境的积极性和主动性。教师可以通过家校联系，让家长了解到学校、班级近期的教育内容，孩子在校的表现和孩子成长的教育氛围，让教师掌握学生在家庭的一些情况，正确把握学生的个性心理特征。在思想交流沟通的过程中，做到彼此了解，增进情感，相互支持、互树威信，共同研究教育措施，把师生之爱和亲子之爱融为一体，使学校教育和家庭教育和谐统一。

总而言之，家庭是学生接受教育的第一课堂，家庭教育是学校教育的基础。加强与家长的联系，做好家长工作，不仅是学校教育的一个重要方面，更是培养健康健全学生的必然途径。只有家校形成合力，教育效果才可能是加法。

2. 家校合作中的角色担任

在家校合作中，家长、教师和学校管理人员担任着各自不同的角色。一个深刻、全面和真实的教育，必须是教师要了解家庭，做好与家长合作的心理准备，并且要积极鼓励家长成为学校的密切伙伴；家长要承担应尽的职责和义务，积极参与学校事务，本着对孩子负责的积极的态度成为学校的智囊，为孩子的成长提供良好的环境；学校管理者也要意识到自己的不同角色，并履行相应角色所承担的责任和义务。

（1）学校管理人员在家校合作中的角色。

第一，家校合作的策划者。要实现学校的教育和培养目标，学校管理者必须首先明确家校合作的重要性并努力建设这样一种合作关系，要带头参与家校合作的学校整体计划的制订，主持大型的合作活动。

第二，家校合作的组织者。学校管理者应以积极的姿态主动地寻求家庭和社区的合作，最终使学校的各个方面都呈现出对家长的欢迎。

第三，学校合作的协调者。家校合作活动的开展要在时间上保持连续，在效果上相互强化和促进，则需要管理人员的协调。

第四，家校合作的支持者。学校管理者必须建立一种良好的家长与管理者的合作关系。管理者要使学校保持"门户"开放，为家长提供相应的学校教育资源，组织家长开展教育活动等，这种合作关系正是在这些活动中慢慢建立的。

（2）教师在家校合作中的角色。教师是家校合作过程中的主要人物，是家校合作的联络者、宣传者和组织者，还是活动的指导者、推行人、咨询者、活动资源开发人、家长的朋友、交流对象等。

第一，家校合作的组织者。家长参与学校的哪类活动，何时参与，参与的方式，参与的场合等要班主任来组织与安排，教师是穿针引线式的人物，通过他（她）的组织，活动才能得以顺利开展和进行。

第二，家校合作的联络者。对家校合作而言，学校教师，特别是班主任的作用非常重要。家长由社会各界人士组成，他们对家校合作的参与热情也各不相同，因此，教师是将家庭和学校联系起来的联络者和纽带。

第三，家校合作的宣传者。在倡导家校合作的今天，需要鼓励和尊重家长的参与，让他们了解自己应当承担的角色，因此，教师作为宣传者的角色就很重要。

第四，角色换位的体验者。在家校合作过程中，许多教师除了以上角色外，还有一个非常重要的角色就是"家长"。有些时候，学校教师和管理人员会由职业角色转换成"家长"角色，他们也站在家长的立场思考问题，这种认识是建立有效的家校合作关系的关键。

（3）家长在家校合作中的角色。

第一，学校活动的参与者。家长参与学校活动的形式要不只局限于家长会。现代家校合作的理念强调家校活动的多样性和价值参与的主体性。

第二，学生学习的支持者。学生入学后，学校作为专门培养人的机构对学生施加教育和影响。但是，学校对学生的教育在道德方面主要是正确的价值观的传授以及各学科系统的文化知识教育。家长把孩子送到学校后，应该继续帮助孩子适应学校生活，以使其形成良好的学习态度和习惯。家长应做学生学习的有力支持者。

第三，学校决策的督导者。学校制定决策并不难，难的是如何去执行。教育行政部门不可能有时间去督导学校执行情况，学校自我监督固然重要，但是如果有家长特别是家长组织中的代表来参与督导，可以能使学校的发展得到提升。

第四，学校运作的咨询者。一所学校的运行状态除了学校的教职工外，最清楚的莫过于家长。自己的孩子在学校学习，学校教师的素质、校领导的能力、后勤的保障、学校的校风等情况都是家长关注的焦点。家长和学校具有共同的利益，他们都希望学生能很好地成长，因而学校应该积极地采纳家长对学校日常工作的建议。家长所站的立场和角度与教职工不同，听取他们的意见，学校的发展才能更全面，才能更多地满足学生成长的需求。

二、家校合作的策略与创新

（一）家校合作的策略

1. 转变教育思想观念，形成和谐氛围

（1）教师要转变观念。现代家校合作是共同服务于孩子健康成长的，体现"以学生发展为本"的理念。提倡的是全面性、经常性、双向的和伙伴性质的家校合作。既然学校和家庭是伙伴关系，学校领导和教师就应尊重家长，创建平等和谐的合作氛围。

全体教职工要树立家校合作中的双主体意识，并自觉地把这种认识落实于日常的家校合作工作中，以积极热情的态度主动地接纳家长为合作伙伴，真心诚意地让家长参与到学校、班级的各项教育教学活动中。

（2）家长要正确定位。家长应认识到参与家校合作是自己的权利和义务，家长要同学校一起承担起育人重任，共同肩负起学校发展的重任。要与学校密切配合，充分发挥对孩子的教育优势，主动与学校、教师有效地交流沟通，主动学习，提高家教能力。在合作中应尊重教师，自觉维护教师良好的形象，充分发挥自身资源优势，给予学校力所能及的支持，为学校的发展出谋划策。只有这样，才能促进家校成为统一体，形成合力。

2. 提升沟通效果，达成目标共识

（1）拓宽沟通渠道。家校合作是家校之间相互了解、相互配合和相互支持的双向互动过程，双向沟通是合作的前提。班主任应拓宽家校沟通的渠道，创设适合更多家长的沟通平台。让家庭与学校，家长与教师之间能全方位、多层次地充分交流沟通，丰富沟通内容，切实改变传统沟通模式，变单向为双向，变被动为互动，变对象为伙伴。如开办家校通讯、开通家校热线、设立家长信箱、举办家长学校、开展家校联欢、开辟校讯通网络平台、建立学校网站、建立班级博客、创建班级 QQ 群等进行沟通，利用入学手册、致家长的一封信、喜报、家访等形式向家长汇报学校、学生情况。

（2）讲究沟通艺术。学校与家庭要及时有效地沟通，发挥沟通的作用，形成家校合力。作为班主任，尤其要讲究沟通的艺术，巧妙地与不同类型的家长沟通。在沟通时，教师与家长要保持双向交流，互换观点，互相尊重、互相促进、互相帮助。语言要亲切、自然、大方、简练，适时地提出自己的建议和方法。教师要了解学生家庭情况，用不同的方法来处理好不同层次家庭的关系。每个家庭都有其家庭背景，教师须根据不同的家庭制定不同的策略，为各个家庭量身定做不同的策略，这样才能在家校合作中有的放矢，游刃有余。

3. 构建学习平台，提高家教能力

（1）组织家教培训。家长在孩子成长过程中，会遇到各种各样的困惑和疑虑。因此，学校积极创设条件，邀请相关教育专家、优秀班主任等对家长进行专题讲座、互动交流、直面引导，如对家长进行教育观念、学生生活习惯、学习心理特点的培训，更好地让家长了解孩子的兴趣爱好和心理需求，关注孩子的全面发展。进行家校合作价值、学校发展规划等的培训，提高家长的信任感和对家校合作的参与热情，更好地促使家长承担学校一员的责任和义务。让家长不仅知道在家庭中怎样教育孩子，还要让其知道在学校是怎样教育孩子的，家校如何有效配合，形成教育合力。

（2）开展家教沙龙。学校要为提高家长素质服务，就必须创新模式。家教沙龙深受家长喜欢，主要包含以下方面。

第一，经验交流共享。班主任可以将家长中的经验丰富者请上讲台，开展"家长上讲台"活动，让优秀家长做经验交流，推广成功经验，实行榜样带动。

第二，热点互动研讨。开设家庭教育沙龙前，教师和家长委员会成员要充分利用各种家校沟通渠道调查了解家长的困惑、关心的热点问题，根据家长的需求，确定家庭教育沙龙的主题、时间、形式等。教师和家长结合实际，准备相关主题所需的讨论材料，包括专家建议、教育类书籍的摘录等。家庭教育沙龙活动可以利用家长会开展；可以在家长开放日进行，班级 QQ 群、微信群、班级博客更是很好的平台。沙龙活动在主题讨论的氛围中展开，活动由家长主持，教师做嘉宾，对此话题感兴趣的家长参与主讲，从自己的经验说起。在活动中，教师和家长之间可以自由互动交流，共同探讨，这种模式气氛轻松、活跃，家长是活动的主体，人人参与、全程参与，每位家长的积极性、主动性都被充分调动起来。家长间实现优势互补，平等对话，提升家长素质，推进家校共育。

4. 构建长效机制实现家校共同教育

（1）完善组织管理。家校合作的顺利开展离不开组织机构和制度的强有力保障，制度化的家校合作机制，可以约束家校合作中的人为性、随意性，使家校合作为学校教育中必不可少的重要内容之一，这样就能使得家庭与学校合作有了根本的制度保障。学校可根据自身实际成立由校级、年级组成的家长委员会，也可由根据家长特点和资源建立由校级、班级组成的家长委员会、家长教学委员会、家长安全委员会等，完善家长委员会章程，建立相关制度，明确各自职责、权利与义务，建立有效的管理机制，密切联系的工作机制、民主监督机制。发挥家长委员会沟通、服务、参与、管理的作用，确保家校合作工作的稳步、有序开展，形成家校共育合力。

（2）丰富合作内容。班主任应创造性地开展家校合作各项工作，要充分调动家长，吸引他们参与到学校教育教学管理中来，发挥家校合作的各项功能，如合作进行思想道德建设、合作开展家校联欢、合作建设学习型家庭、合作开展社会实践活动、合作进行安全教育、合作开展评教评优、合作培养良好习惯等。

家庭和学校只有精诚合作、凝心聚力，注重合作策略，才能形成教育合力，促进学生在品德、学业及其他各方面的良好发展，提高教师、家长的教育素质和能力，提高学校教育教学管理水平，为构建和谐教育打下坚实的基础。

（二）微信平台在家校合作中的应用

1. 根据家校合作特点打造校园微信公众号

在优化微信平台家校合作的管理过程中，学校应时刻牢记创建学校微信公众号的目的，即为了最大限度地促进家校沟通和协同教育，更好地促进学生的全面发展，让家长更加了解学校、了解自己的孩子，为家长提供更多科学、有效的教育方法，促进学生身心健康地发展。在这一过程中，学校可以建立微信公众号，引导家长全方位了解和认识学校。

微信平台中应向家长展示学校的各个方面，建议学校分配两名左右管理公众号的专职教师，并就家校合作内容积极与其他教师展开沟通。"在学校公众号打造的过程中还可以明确个性推送菜单，结合学校的办学理念和要求，针对不同的家长不断拓展和丰富推送内容，如学校最新告示、发生的德育事件、教育科普类文章、各大赛事等，通过短视频、图片和语音等形式推送，针对个别信息可以设置自动回复的功能，保证回复的针对性和及时性。"① 在这一过程中还应拓宽反馈渠道，适当地与家长进行互动交流，强化教师与家长之间的沟通互动，最大限度地就学生学习和生活中的表现展开相应的家校合作和管理。

2. 以微信平台为主导，促进家校合作的发展

学校作为家校合作的引导者和带领者，应充分发挥微信平台的价值，不断积累家校合作资源，结合家长的实际需求将学生在校的智育和德育方面的情况发布出来，提高家长对微信平台的关注程度。家长参与到家校合作中来才能更好地提高自己的家教理念进教师与家长之间关于学生表现的互动沟通，更好地落实相应的家校合作措施。在微信平台的发展环境下，学校应结合家校合作特点打造特色学校的微信公众号，以微信平台为主导，助推家校合作的发展，总结和归纳每天发布的信息，及时获取家长的反馈等，更好地增进教师与家长之间的互动沟通，提高家校合作的工作质量和效率，更好地方便家长和教师全面了解学生在校、在家的学习情况和行为习惯等，为学生素质的全面发展奠定坚实的基础。

---

① 房世瑞：《微信平台在家校合作中的应用分析》，载《新课程》2021年第39期，第9页。

参考文献

[1] 程建霞. 依托人文环境, 打造班级管理特色 [J]. 华人时刊 (校长), 2017 (5): 28-29.

[2] 胡晓青. 自管自育: 现代班级管理新机制 [J]. 中国校外教育, 2019 (34): 46-47.

[3] 蒋国冰. 让班级管理走向自主 [J]. 教育教学论坛, 2013 (1): 5-6.

[4] 白海虾. 中学德育主题班会开展现状及对策研究 [D]. 西安: 西安理工大学, 2020: 46.

[5] 梁岗. 班级议事, 让管理走向民主 [J]. 新班主任, 2016 (1): 34-37.

[6] 罗越媚. 班级管理理论与实践 [M]. 广州: 暨南大学出版社, 2015.

[7] 方林仙, 潘文木. 刍议青年班主任成长障碍及应对策略 [J]. 时代教育 (教育教学), 2010 (7): 210.

[8] 王胜怀. 宽严相济创新班级管理特色 [J]. 成功 (教育), 2012 (12): 166.

[9] 徐琳劼. 强化自主意识, 让班级管理走向高效 [J]. 好家长, 2019 (42): 157.

[10] 赵荣辉. 班级管理: 从权威走向民主 [J]. 当代教育科学, 2015 (2): 11-14.

[11] 张怀平. 依托自主管理提升学生素养 [J]. 吉林教育, 2016 (41): 52-53.

[12] 朱巧玉. 探析班级物质文化建设 [J]. 现代职业教育, 2020 (2): 160.

[13] 吴永超. 浅谈班级精神文化建设 [J]. 中国科教创新导刊, 2011 (26): 249.

[14] 陈佑光. 班主任专业化自主发展探析 [J]. 基础教育研究, 2014 (10): 56-57.

[15] 孙霞芳. 班主任专业化发展机制、路径浅探 [J]. 基础教育参考, 2012 (4): 23-24.

[16] 张书献. 用"微信+QQ 群"家校协同智慧班级管理 [J]. 教书育人, 2020 (8): 27-29.

[17] 彭中辉. 浅谈高中主题班会过程设计的原则 [J]. 教师, 2011 (36): 15.

[18] 王宪. 民主型班级: 学生生命发展的土壤 [J]. 考试与评价, 2018 (5): 96.

[19] 黄晓琴. 自主式主题班会活动探索 [J]. 青海教育，2017（12）：15-16.

[20] 张守芬. "自育"课堂教学模式初探 [J]. 新课程（中），2016（9）：24.

[21] 陆小红. 以评价机制促进自我管理能力的培养 [J]. 科学大众（科学教育），2019（6）：68.

[22] 高洁. 班规的制定：基于"规则"的哲学审思 [J]. 当代教育科学，2021（5）：56-61.

[23] 林一钢，陈晓庆. 班规的制度德性审视 [J]. 当代教育科学，2021（8）：12-18.

[24] 张美华. 巧用情感教育转化后进生的育人技巧 [J]. 新智慧，2019（10）：96.

[25] 王守恒，但柳松. 班主任班级管理实务 [M]. 芜湖：安徽师范大学出版社，2013.

[26] 张典兵. 班主任与班级管理 [M]. 徐州：中国矿业大学出版社，2018.

[27] 黄志玉. 高中学习后进生的成因与转化对策 [D]. 武汉：华中师范大学，2015：16.

[28] 叶婉桂. 谈谈如何设计主题班会 [J]. 课程教育研究（新教师教学），2016（9）：256.

[29] 文思睿. 论家长委员会的法律地位 [J]. 江西青年职业学院学报，2015（1）：73.

[30] 吴树峰. 新手班主任工作方法探讨与实践 [J]. 人文之友，2020（9）：253.

[31] 吴文飞. 新手班主任如何建设班级文化 [J]. 语文课内外，2020（12）：346.

[32] 王德红. 浅谈新手班主任班级管理 [J]. 好家长，2019（34）：233.

[33] 蔡丽红，刘政. 新手班主任如何管理好一个班级 [J]. 未来英才，2016（18）：35.

[34] 张蓓. 新手班主任"专业化"成长的有效途径探究 [J]. 年轻人，2020（15）：232.

[35] 房世瑞. 微信平台在家校合作中的应用分析 [J]. 新课程，2021（39）：9.

[36] 汤琳燕. 优秀班主任成长策略探讨 [J]. 职业，2018（7）：25.

[37] 李爱菊. 优秀班主任成长策略探讨 [J]. 考试周刊，2019（66）：180.

[38] 王晋，杨喆. 班主任成长的组织支持：本土经验与域外视点 [J]. 教育理论与实践，2020，40（10）：29-34.

[39] 石叶英. 教师团队促进班主任成长 [J]. 读与写，2021，18（2）：246.

[40] 毛丹. 班主任成长："四项原则" [J]. 魅力中国，2020（25）：105.

[41] 苟建林. 优秀班主任成长的途径与方式 [J]. 读书文摘，2017（16）：327.